基于DEA的房地产股权投资项目经营绩效评价与提升

唐代中　王雯雯　巩雪阳　著

同济大学出版社
TONGJI UNIVERSITY PRESS

·上海·

图书在版编目(CIP)数据

基于 DEA 的房地产股权投资项目经营绩效评价与提升 / 唐代中，王雯雯，巩雪阳著. —上海：同济大学出版社，2023.11
 ISBN 978-7-5765-0692-1

Ⅰ. ①基… Ⅱ. ①唐… ②王… ③巩… Ⅲ. ①房地产投资—研究 Ⅳ. ①F293.353

中国国家版本馆 CIP 数据核字(2023)第 018331 号

基于 DEA 的房地产股权投资项目经营绩效评价与提升
唐代中　王雯雯　巩雪阳　著

责任编辑　李　杰　　**助理编辑**　邢宜君　　**责任校对**　徐逢乔　　**封面设计**　于思源

出版发行	同济大学出版社　　www.tongjipress.com.cn	
	(地址：上海市四平路 1239 号　邮编：200092　电话：021-65985622)	
经　　销	全国各地新华书店	
排　　版	南京文脉图文设计制作有限公司	
印　　刷	江苏凤凰数码印务有限公司	
开　　本	710 mm×1000 mm　1/16	
印　　张	8	
字　　数	160 000	
版　　次	2023 年 11 月第 1 版	
印　　次	2023 年 11 月第 1 次印刷	
书　　号	ISBN 978-7-5765-0692-1	
定　　价	68.00 元	

本书若有印装质量问题，请向本社发行部调换　　版权所有　侵权必究

前　　言

　　1987年初冬,随着枣红色樟木拍卖槌的落下,人声鼎沸的会堂逐渐安静下来,那一刻,他们中间那些敏锐的人或许已经意识到,一个属于中国房地产的黄金时代正缓缓拉开序幕。

　　从1987年深圳第一块商品房土地出让至今,国内的房地产市场已经繁荣了30余年。越来越多的企业进入这一领域,随着限购、限价、限售、限贷等国家调控政策的出台,房地产行业也从黄金时代进入了白银甚至青铜时代,开发操盘难度越来越大,竞争也越来越激烈。持续扩张和保持盈利能力成了房企的核心竞争力。

　　2021年2月8日,《经济日报》刊登的《根治楼市打新热要从供求两端加强房地产金融管理》一文中提到:"健全以房地产股权基金为代表的项目投融资架构,完善以保险、公募、养老金为代表的长线机构参与股权投资,真正拓展房地产产业的内涵与价值边界。"保险、养老金等长线机构与房地产股权投资有着良好的久期匹配度,这些机构积极开展房地产股权投资有助于行业的健康发展。对于房地产开发这一资本密集型行业,股权投资既解决了开发商对资金的需求,减少了因债权投资而产生的固定债息风险,同时也有利于开发商的财务指标保持健康。对于投资者而言,以财务投资人身份参与项目,既可以获得股权投资带来的收益,又可以减少人员的投入并精简机构。

　　在房地产股权投资项目中,保证项目达到预期收益是投资者和开发商最关注的问题,而经营绩效评价是保证项目达到预期收益的重要一环。然而,当前房地产股权投资项目缺乏有效的绩效评价工具,亦缺少提升经营绩效的合适方法。

　　针对当前房地产股权投资项目缺乏有效的绩效评价工具这一问题,在详细分析了房地产股权投资方式和股权合作模式后,本书构建了房地产股权投资项目经营绩效评价模型,模型包含经营绩效评价指标体系和数据分析模型。其中,经营绩效评价指标体系是使用德尔菲法从各项指标中筛选出与成本投入和产出最为相关的核心指标而构建的;数据分析模型是在文献研究后选择DEA模型中的超效率SBM模型。本书利用该模型对26个股权投资项目进行了实证分析,对26个项目的技术效率、纯技术效率、规模效率进行分析和排序,得出各项目的效率水平,并与项目实际情况进行比对,验证了本书所构建的模型在分析房地产股权投资项目经营效率方面的适用性。

针对当前房地产股权投资项目缺少提升经营绩效的合适方法这一问题,本书基于DEA模型和实证分析结果,聚焦成本投入的各项指标中对经营绩效影响最大的指标,通过对26个项目的评价以及对两个重点项目的决策单元投影分析,发现成本投入的各项指标中均存在成本投入冗余的问题,且在多个成本科目方面均有可以改进的空间。对此问题,本书提出了从经营绩效评价指标入手进行经营绩效提升、整体成本控制、项目开发商企业性质选择、项目城市选择、注意操盘方的关联方等建议,旨在为房地产股权投资项目的经营绩效评价和提升提供一些切实可行的工作方法。

著者
2023年3月

目 录

前言

1 绪论 ·· 1
   1.1 房地产股权投资现状 ·· 1
   1.2 研究内容 ··· 4
   1.3 研究方法概述 ·· 4
   1.4 技术路线 ··· 5

2 经营绩效评价与海内外成本管理 ·· 6
   2.1 经营绩效评价 ·· 6
   2.2 海内外成本管理 ·· 10
   2.3 小结 ·· 16

3 房地产项目股权投资方式与股权合作模式 ·· 18
   3.1 房地产项目股权投资方式 ·· 18
   3.2 房地产项目股权投资项目合作模式 ··· 34

4 房地产股权投资项目经营绩效评价模型 ·· 42
   4.1 经营绩效评价指标体系的构建 ··· 42
   4.2 数据分析模型的选取 ··· 48

5 股权投资项目经营绩效实证分析 ·· 52
   5.1 样本选取及数据来源 ··· 52
   5.2 26个股权投资项目经营绩效分析 ·· 78
   5.3 不同开发商企业性质的项目经营绩效对比分析 ································· 89
   5.4 26个股权投资项目的投影分析 ··· 90

1

6 提升股权投资项目经营绩效的建议 ································· 95
6.1 从经营绩效评价指标入手进行经营绩效提升 ················ 96
6.2 项目的整体成本控制建议 ································· 99
6.3 项目开发商企业性质的选择建议 ·························· 101
6.4 项目城市的选择建议 ···································· 101
6.5 针对操盘方引入关联方情形的建议 ························ 102

7 结论与展望 ·· 104
7.1 结论 ·· 104
7.2 不足之处 ·· 105
7.3 展望 ·· 105

参考文献 ··· 106

附录 ··· 110
附录A 26个股权投资项目投影分析表 ························ 110
附录B "德尔菲法"专家调查问卷主要内容 ···················· 119

1 绪 论

1.1 房地产股权投资现状

1.1.1 股权投资方兴未艾

2020年中国股权投资市场新募集总规模约为11 972亿元,因受到新冠疫情的影响,新募集总金额同比下降3.8%。但2020年下半年得益于国内疫情的有效控制,募资活动逐步恢复到正常水平,募资节奏明显加快(图1-1)。

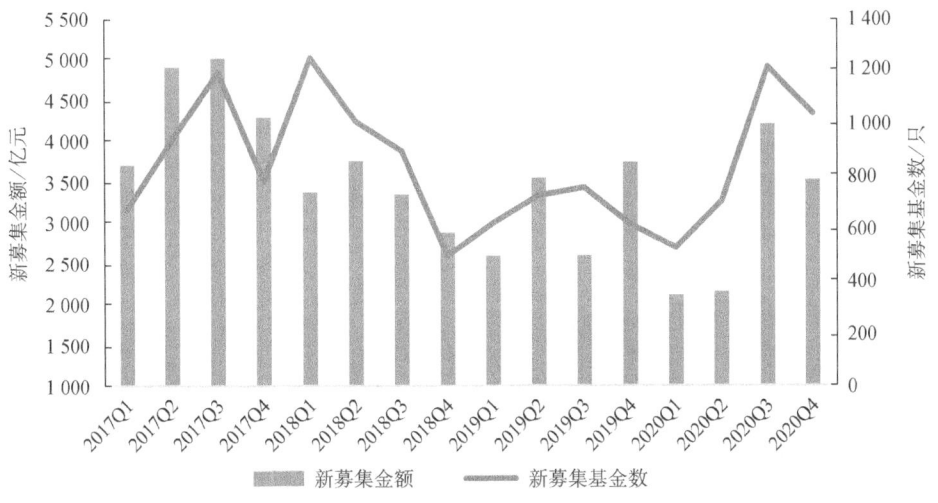

图1-1 中国股权投资市场募集资金情况(2017—2020年)

在投资数量方面,2020年中国股权投资市场共发生7 559起投资案,同比下降7.9%,但降幅有所收窄;投资总金额为8 871亿元,同比上升14.0%。尽管上半年受到新冠疫情的影响,投资进度大幅放缓,但在疫情得到有效控制后,全国生产生活、各类商业活动迅速恢复,加之境内资本市场深化改革提振了市场信心,下半年投资活跃度逐步提高。

从行业来看,投资金额排名前三的行业分别是IT、生物技术及医疗健康和互联网,这三个行业的投资金额都超千亿元(图1-2);投资案例数量排名前三的行业分别是生物技术及医疗健康、半导体及电子设备和互联网,IT行业的投资案例数量排在第四位。通过投资金额和案例数量的对比可以看出,IT行业单个案例投资金额较大,而半导体及电子设备的单个案例投资金额较小。

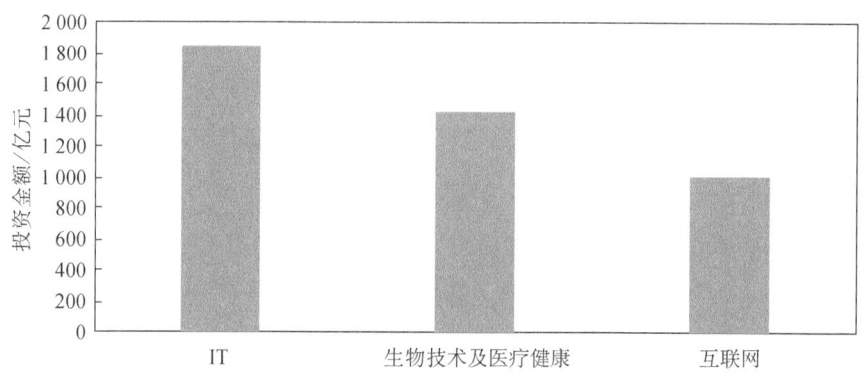

图1-2 投资金额排名前三的行业(2020年)

2020年代表性的股权投资案例有高瓴资本投资宁德时代,投资金额为106亿元;红杉中国领投恒大物业,投资总金额达到134.5亿港元;华芯投资领投中芯国际,投资总金额达到22.5亿美元。在并购案例方面,2020年9月30日,国家石油天然气管网集团有限公司收购中国石油化工股份有限公司(中国石化)所属天然气管道、原油管道相关公司的股权,交易总金额为69.18亿美元。本次交易有利于中国石化优化行业运营环境、拓展市场空间、进一步聚焦主业,从而促进中国石化转型发展。从上述分析可以看出,我国的股权投资市场仍然处于蓬勃发展之中,股权投资方兴未艾。

1.1.2 房地产股权投资项目缺乏有效的绩效评价工具

在股权投资市场中,房地产行业涉及的单个项目的投资金额相较于其他行业来说更大。在2020年中国股权投资基金类型分布中,房地产基金共募集基金44只,占募集基金总数的1.3%,基础设施不动产共募集基金35只,占比1.0%。如图1-3所示。在金额方面,房地产基金共募集301.90亿元,占基金募集总金额的2.5%,基础设施基金共募集788.61亿元,占比6.6%。如图1-4所示。

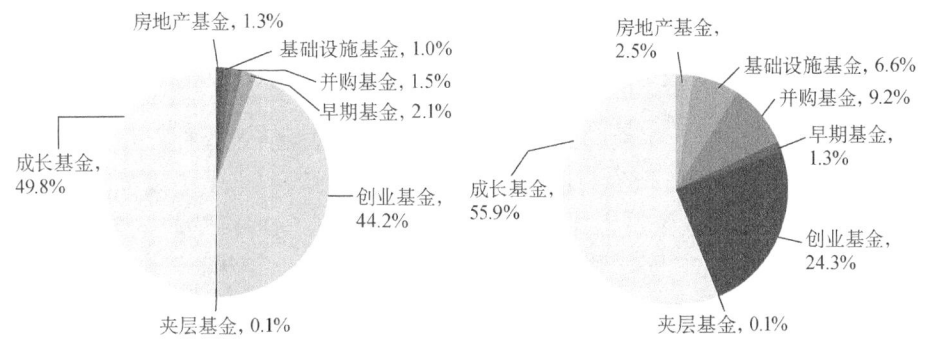

图1-3 募集数量占比（2020年）　　图1-4 募集金额占比（2020年）

因房地产资本密集这一特点，房地产股权投资项目一直受到社会各界的广泛关注，但当前房地产股权投资项目一直缺少有效的经营绩效评价工具，而传统房地产项目的经营绩效评价工具中并未纳入股权投资方，故其并不适用于房地产股权投资项目。对于股权投资方来说，寻找一个有效的经营绩效评价工具，来对已有投资项目进行经营绩效评价分析，已经成为当务之急。

1.1.3 房地产股权投资项目缺少提升经营绩效的方法

在资管新规、协会自查等相关要求下，私募股权投资市场整体趋稳，风险投资(Venture Capital，VC)和私募基金(Private Equity，PE)机构的工作重心逐渐转向投后和风控，开启精细化管理之路。一直以来，投后管理由于周期长、效益难以衡量，受到的关注较少。但在当前国内经济面临转型、各行业发展逐渐走向成熟的环境下，面对募资难、投资难、退出难的市场环境，投后管理成为机构竞争中的重要一环。较强的投后管理能力能够提高机构的综合实力，为机构带来品牌优势，从而提高机构的募资能力和获取项目的能力。此外，持续对被投企业开展投后管理，帮助被投企业实现价值提升，能够改善机构的退出情况，提高整体收益水平。切实有效的投后管理将帮助机构在特殊时期实现弯道超越，投后管理未来将成为驱动股权投资机构发展的新引擎。随着在管基金和项目的增多，投后管理的重要性日益凸显，部分投资机构尤其是头部机构逐渐加大投后管理的投入，设立独立的投后管理部门的机构比例已经从2013年的20%上升到2018年的70.3%，新兴机构也开始向老牌机构学习投后管理的建设，从团队设置、数字化管理、策略、退出、增值服务、日常监督管理等方面逐步完善。从上述分析可以看出，中国股权投资市场虽有调整，但总体趋势是逐步扩大。

近年来，将股权投资引入房地产项目的情况越来越多。房地产行业作为一个资金密集型的行业，随着国家对流入房地产行业的资金管控越来越严格，房地产企业的资金链越来越紧张。一方面,对于操盘方的房地产企业(以下简称"操盘方")来说,引入股权投资,虽然让渡了一部分利润,但保证了房地产企业可以以较少的资金操盘项目,保住了企业业务规模,也保证了员工工作的连续性。但是对于不操盘、只进行房地产股权投资的公司(以下简称"股权投资方")来说,不管是基金公司、资产管理公司还是股权投资方,如何对项目操作层面进行管理,保证项目按照既定投资模型开发并保证收益率,是有一定难度的。操盘方对每个房地产开发项目都投入了各条线的专业团队,达到一定市场规模的操盘方一般也有完整的、系统性的操作流程和产品标准,操盘方只希望股权投资方做一个单纯的财务投资人,不希望被股权投资方管控。因此,对于股权投资方来说,合作协议的约定、组织架构的设计、董监高人事的安排、沟通管理协调机制的设立等,都需要在实践中不断试探和磨合。

当下很多房地产股权投资项目都缺少提升经营绩效的系统性方法。如何在股权投资全流程中提升项目的经营绩效,已成为众多房地产股权投资机构的燃眉之急。

1.2　研究内容

针对目前对房地产股权投资项目缺乏有效的经营绩效评价工具以及部分项目存在经营绩效低下、亟须提升的现象,本书旨在研究两个问题:①如何评价房地产股权投资项目的经营绩效?②如何提升房地产股权投资项目的经营绩效?

针对问题①,本书建立了房地产股权投资项目的经营绩效评价模型,并使用该模型对26个项目进行了实证分析,验证了该模型在相应指标体系配合下的适用性。

针对问题②,结合模型分析的结果,本书提出从经营绩效评价指标入手进行经营绩效提升、整体成本控制、项目城市选择、合作开发商企业性质选择、注意操盘方的关联方等建议。

1.3　研究方法概述

1. 比较研究法

比较研究法是对两者之间的相似性或相异程度进行研究与判断的方法。本书对比了股权投资项目与一般项目的不同,为后续指标体系和评价模型的建立夯实基础。

2. 德尔菲法

德尔菲法即专家调查法,本书使用此方法对行业内的10名专业人士进行了三轮调查,从各项指标中筛选出与成本投入和产出最为相关的核心指标作为分析依据,建立了以投入、产出指标为核心的评价指标体系。

3. 系统建模法

本书建立了房地产股权投资项目经营绩效评价模型,模型包含两个部分:指标体系和数据分析方法。其中,指标体系采用德尔菲法(Delphi Method)建立,数据分析方法经过文献研究后选择数据包络分析(Data Envelopment Analysis,DEA)模型中的超效率基于松弛值测算(Slack-Based Measure,SBM)模型。SBM模型直接将松弛变量引入目标函数中,使得SBM模型的经济解释不仅是实现收益最大化,并且是获得实际利润最大化,是对传统DEA模型的改进。

4. 实证研究法

本书基于DEA模型中的超效率SBM模型和建立的指标体系建立了经营绩效评价模型,并使用该模型对26个股权投资项目进行了实证分析,对26个项目的技术效率、纯技术效率、规模效率进行了分析和排序,得出各项目的效率水平,并与项目实际情况进行比对,以验证该模型在分析房地产股权投资项目经营效率方面的适用性。

1.4 技术路线

本书按照"提出问题—分析问题—解决问题"的逻辑展开,技术路线如图1-5所示。

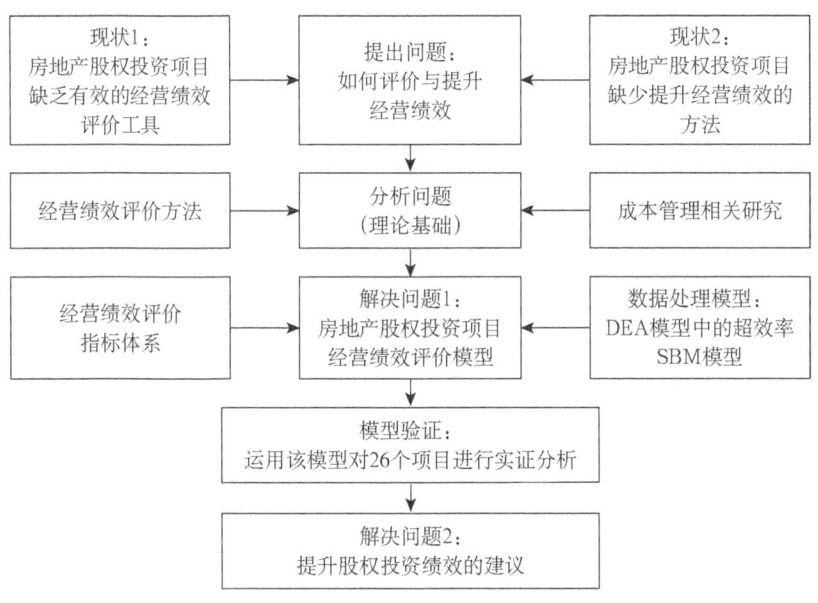

图1-5 技术路线

2 经营绩效评价与海内外成本管理

2.1 经营绩效评价

2.1.1 经营绩效定义

绩效,即效率。最早引入"效率"术语的领域是物理学,表示为有用功率与驱动功率的比值。《辞海》中对效率的定义是:在工作时,机械的输出能量与输入能量的比值。从技术方面看,效率是指在技术条件不变的情况下,投入既定的资源要素,以获得最大生产满意度。从管理方面看,效率是指在既定时间内,资源投入与产出结果的比率。在经济学家帕累托(Vilfredo Pareto)之前,绝大多数经济学家都是从物理学的角度来测算效率的。从帕累托开始,经济学家们开始从经济学角度对效率进行明确定义。

作为经济学研究的重要内容之一,效率是指有效配置资源的程度,一般分狭义和广义两种,狭义效率是指资源使用的效率,而广义效率是指资源配置的效率。其中,效率可被分解成技术效率和配置效率。从投入角度来看,技术效率是指决策单元实际投入与最小投入的比值;Leibenstein 从产出角度给出了技术效率的定义,即在投入不变的情况下,实际产出与最大产出的比值,并将技术效率进一步分解为纯技术效率和规模效率。而配置效率是指在生产技术水平和投入资源价格水平不变的情况下,优化投入资源的数量以实现产出数量最大化,来评价资源的有效利用和分配的能力。相较于配置效率,技术效率更加直观地反映在投入水平不变的条件下如何实现生产能力最大化。因此,本书研究的经营绩效主要是从技术效率角度出发,即在投入不变的情况下获得最大产出的能力,或在既定产出条件下实现最小投入的能力。

在定义经营绩效之前,需要界定经营绩效的概念和内涵。在经济学领域,经营绩效通称为效率,较多应用于经济理论的分析研究,但由于在各个行业都有所应用,学界对于经营绩效的概念和内涵也未形成统一观点(图 2-1)。经济学家帕累托认为,配置效率是指在某种资源配置过程中,若所有个体至少获得和初始状态一样好,并且至少其中一个人获得比初始状态更好,那么配置效率就实现了最大化,这就是著名的"帕累托效率"。美国经济学家保罗·萨缪尔森(Paul Samuelson)在《经济学》一书中提出,经营绩效就是企业经营中没有产生浪费现象,即在不降低一种产品产量的前提下,无法提高其他产品的产量,这时的经营状态位于生产前沿面上。

图 2-1 效率与绩效

2.1.2 经营绩效评价的投入与产出指标

经营绩效研究的是项目的投入与产出的关系,故投入和产出指标的选取对于经营绩效的评价十分重要。由于房地产行业近年来对国民经济的持续拉动,对房地产企业经营效率的研究引起了国内外学者的关注,形成了一系列研究成果。考虑到中国房地产行业与国外有所区别,国内专家学者的研究更具有借鉴意义。因此,本节主要对国内这方面的研究文献加以总结。

刘永乐等(2006)采用 DEA 方法对房地产上市公司进行效率评价,选取平均总资产和平均股东权益作为投入指标,选取主营业务收入、主营业务利润、净利润和总资产周转率作为产出指标。

孟川瑾等(2008)运用 DEA 方法对房地产企业进行效率评价及实证分析,选取总资产和员工人数作为投入指标,选取营业收入和利润作为产出指标。

任放和钱珍(2009)运用 DEA 方法对房地产企业效率进行测度及实证分析,选取企业成立时间、员工人数和平均股东权益作为投入指标,选取营业收入和净利润作为产出指标。

王坚强和阳建军(2010)运用 Malmquist 指数法对房地产企业动态投资效率进行评价,选取净资产、固定资产净值、员工人数和主营业务成本作为投入指标,选取营业收入和净利润作为产出指标。

冉茂盛等(2013)运用 DEA-PNN 方法对中国上市房地产企业进行效率评价,选取资金投入额、职工人数和土地面积作为投入指标,选取竣工面积和销售额作为产出指标。

方金金(2013)基于省级数据,运用 DEA 方法对中国房地产企业进行效率评价,选取总资产、所有者权益、成本、管理费用、财务费用和销售费用作为投入指标,选取营业收入作为产出指标。

江淼(2014)运用 DEA-Tobit 模型对上市房地产企业进行效率评价,选取总资产、主营业务成本和期间费用作为投入指标,选取净利润和主营业务成本作为产出指标。

廖妍(2015)运用 DEA 方法对中国房地产上市公司经营效率进行分析及实证研究,选取员工人数、固定资产、流动资产和营运资金作为投入指标,选取净利润和营业收入作为产出指标。

刘亚臣等(2017)运用 Malmquist 指数法对房地产业全要素生产效率进行分解及评价,选取就业人数、土地购置面积和本年度完成投资额作为投入指标,选取房屋竣工面积和商品房销售额作为产出指标。

杜剑等(2018)使用 DEA-BCC 模型研究分析了在"营改增"前后我国房地产业上市公司的综合财务效率。研究表明,"营改增"政策对房地产业的财务效率提高有显著的促进作用。

赵愈等(2019)使用 SE-DEA 模型分析了 2012—2016 年我国 35 个主要城市在房地产行业的投入和产出效率,并对现有的 SE-DEA 模型中房地产投入产出效率的投入和产出指标进行了总结,最终选取劳动投入(房地产行业从业人员数)、土地投入(房地产开发企业购置土地面积)、资本投入(房地产开发投资额)、房地产开发情况(房地产开发企业施工房屋面积)四个投入指标,以及房地产开发企业竣工房屋面积、商品房销售面积和商品房销售价格三个产出指标,构建了模型。通过分析该模型发现,我国房地产行业的效率呈现出分化的态势。

姜翔程等(2019)使用 Malmquist 指数和 VRS 模型,选取总资产、营业成本、期间费用和归属于股东的净资产作为投入指标,选取营业收入、净利润、净资产收益率和每股收益作为产出指标,对2015—2017年中国沪深A股上市的86家房地产企业经营效率作出测评,研究新一轮限购政策下我国房地产企业的经营效率。

周梅等(2019)使用DEA方法中的C^2R模型,选取营业收入和调整营业利润作为产出指标,选取职工薪酬、折旧和摊销、财务费用和机会成本作为投入指标,分析了2010—2017年以参股金融机构方式进行产融结合的房地产上市企业,以发现这类企业的经营绩效表现以及影响营业利润的最主要因素。

王唤明和胡卉(2019)选取中国135家上市房地产企业年报中的财务指标为样本,利用DEA-BCC模型,选取资产总额、资产负债率、财务费用和产权比率四个指标作为投入指标,选取净资产收益率、基本每股收益同比增长率和总资产周转率三个指标作为产出指标,分析了此类公司的纯技术效率、规模效率和技术效率。

上官萌和张洁丽(2019)采用DEA-Malmquist指数模型,选取长期投资增加水平和追加营运资本水平作为投入指标,选取净资产收益率、利润总额增长率和总资产增长率作为产出指标,用以研究2012—2015年间发生并购的上市房地产企业的并购效率。研究表明,上市房地产企业的效率并未因并购显著提升。

徐伟等(2019)使用BC2-DEA模型,从指标的可行性和概括性两方面出发,选取房地产企业投资额、房地产企业个数和房地产建筑施工面积作为投入指标,选取地区生产总值、商品房销售额、房屋竣工面积和房地产产业总产值作为产出指标,以北京、上海等15个中心城市为研究样本,对其房地产企业的投入产出效率进行研究。

王媛媛和张凤新(2019)使用DEA方法,选取主营业务成本和固定资产净值作为投入指标,选取净利润、主营业务收入和加权平均净资产收益率作为产出指标,以保利地产为样本构建了房地产投资效率评价模型。

张明月和李晓梅(2020)使用DEA模型分析了2014—2018年江浙沪地区的16家上市房地产企业的财务数据,构建了以总资产为投入指标、以每股收益和净资产收益率为产出指标的投入、产出指标体系。

苑清敏和殷珊珊(2020)使用Malmquist指数和两阶段数据包络分析模型,选取从业人员、土地购置面积和年度投资额作为建设阶段投入指标,选取商品房竣工面积作为中间指标,选取商品房销售额和利润总额作为销售阶段产出指标,分析了三大城市群建设阶段和销售阶段的房地产效率,发现三大城市群在建设和销售两个阶段的效率并不高,并且全要素生产率在项目的建设阶段呈现下降的趋势,而在销售阶段呈现上升的趋势。

2.1.3 经营绩效评价方法

学者们早在20世纪50年代就开始对效率的测算方法进行研究,主要从投入导向和产出导向两个方向进行。投入导向研究的是固定投入下实现最大产出的能力,产出导向研究的是固定产出下实现最小投入的能力。

目前国内外学者主要采用参数法和非参数法两类方法来测算效率。参数法中应用较为广泛的有随机前沿分析法(Stochastic Frontier Approach,SFA)、厚前沿分析法(Thick Frontier Analysis,TFA)和自由分布分析法(Distribution Free Approach,DFA)三种。在经济学、管理学等学科领域,随机前沿分析法最为常用,该方法在使用时必须提前确定生产函数及误差项的具体形式,这种设定有时候会影响实证分析结果,此外,该方法可以区分误差项、随机前沿面以及对实证结果进行假设检验等。非参数法则不需要提前设置具体的生产函数及估计参数,从某种意义上来说,降低了测度结果的主观性偏差。非参数法中应用较为广泛的有数据包络分析法和自由处置包法(Free Disposal Hull,FDH),其中,数据包络分析法在经济、管理等领域应用较为广泛,它的原理是将所有观测值通过前沿方式以实现包络,针对所有决策单元的投入与产出,确定效率的随机生产前沿。

本书研究的房地产项目经营活动的投入、产出具有一定差异,很难对随机误差项的分布情况作出明确假设,所以本书选择非参数法中的数据包络分析法,无需设置具体生产函数和估计参数。

2.2 海内外成本管理

2.2.1 成本管理

对于房地产开发项目来说,目前还是买方市场,在市场充分竞争的情况下,消费者有充分的自主权去选择产品,消费者考量的方面主要有地缘、价格、产品形态、周边配套等。对于房地产开发项目的经营效率来说,主要还是从投入端的成本管理和控制着手,产出主要体现在售价和市场上。因此,本书对于效率和绩效的评价,也主要从成本管理入手。

成本一般以货币为度量,其本质是企业为达到特定需求而付出的代价。在市场经济环境下,企业要想得到一项资源,就必须以另一项资源作为交换条件,不管是人力、物力还是财力,因而成本即作为资源交换的度量衡,它依附于特定的商品或劳务。

成本绩效是指在市场经济条件下,作为市场主体的企业,在人力、物力、时间等成本的投入下,它所获取的成绩和收益,可以简单定义为"所取得的成绩效果与所耗费的资源之间的比率",也就是投资所费与所得、投入与产出之间的关系。房地产股权投资项目的成本绩效评价也是如此,投资收益率就是一个重要指标,考核的是项目税后利润与盈亏平衡前项目投资人投入自有资金的比例。

在目前全国限房价、竞自持和竞公建配套、限贷款、限购、限交易的大背景下,房地产开发项目的管理重点应该转向成本控制,在对市场形势和政策走向进行充分考察的基础上,严格控制开发成本,设计开发高性价比的产品才是重中之重。

2.2.2 成本管理与经营绩效的关系

经营绩效研究的是项目的投入与产出的关系,而成本是指为达到一定目标如产品生产等所耗费的所有资源的总和,一个项目所投入的所有资源统称为该项目的成本。成本管理即对项目的投入进行管理。想要实现经营绩效的提升,就不得不从项目的投入端——成本入手进行优化与提升。因此可以总结出以下两对关系:

(1)成本与经营绩效:经营绩效研究的是投入与产出的关系,投入的所有资源就是成本。

(2)成本管理与经营绩效的提升:成本管理是从投入视角出发进行经营绩效提升的手段。

图 2-2 描述了成本与经营绩效的关系。

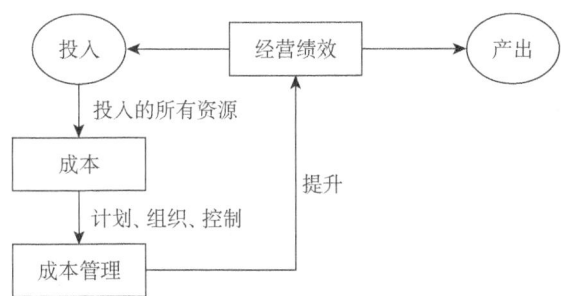

图 2-2 成本与经营绩效的关系

2.2.3 成本管理方法

1987 年,深圳市进行了中国改革开放以来土地的首次公开拍卖,催化了中国房地产行业的加速发展。至今,我国的房地产业已经经过了 30 多年的飞速发展。从最初的粗放模式到如今的"白银青铜"时代,国内的学者和房地产业从业人员对成本管理的理论和实践也取得了越来越深入的研究成果。一些房地产开发企业,尤其是民营房地产开发企业,越来越发觉成本管理的重要性,从借鉴国外成本管理理论开始,在实践中结合我国国情,拓展出了很多成本管理的方法,并影响到公司组织架构的调整、战略目标的制定、经营方向的转变等。

本书研究的成本是指房地产项目开发成本,即项目开发过程中支付的全部费用,分为直接成本和期间费用两大类。虽然各家公司对于直接成本内各科目的定义多有不同,但在实践中可以总结出各级成本科目的内容还是基本相似的。直接成本主要分为土地款和建安成本。土地款包括土地出让金、土地使用费、基础设施建造费、契税及各项税金等;建安成本包括前期工程费、主体建安工程费、基础设施费、配套设施费、不可预见费等。期间费用主要包括管理费用、销售费用和财务费用。

本书的经营绩效评价是从成本管理入手。房地产成本管理是从工业化成本管理演化而来的,主要有作业成本、战略成本、目标成本、产品全生命周期成本和全面成本等五种主要理论。除此之外,还有供应链管理法、价值工程法、项目成本分解结构法等。

1. 作业成本管理

作业成本管理是美国成本管理的代表模式,其思想是"作业消耗资源,产品消耗作业",即要将形成产品的最初形态的资源计入最终产品成本中(图 2-3)。其核算方式根据产品生产或企业经营过程中发生和形成的产品与作业、作业链和价值链的关系,对成本发生的动因加以分析,选择"作业"作为成本计算核心环节,归集和分配生产经营费用。在计算产品成本时,将着眼点从传统的"产品"转移到"作业"上,以作业为核算对象,首先根据资源动因将资源费用分配到作业,再由作业动因追踪。美国会计学权威 Robert S. Kaplan 等人在 20 世纪 80 年代提出了作业成本管理(Activity-Based Costing Management,ABCM)。作业成本法不仅开启了一种全新的成本核算和控制方法,即增加辅助生产作业的成本核算,而且引发了产品成本控制方法的变革,使企业意识到改进非增值的辅助生产作业流程,可以提高生产效率、降低产品成本(刘永乐等,2006)。

在 *Activity Based Costing for Project* 中,Tzvi Raz 和 Dan Elnathan(1999)提出了一般的 ABC 模型,研究了作业成本法在建筑领域的应用,分析了项目设计的成本分配结构和典型项目活动的成本动因。ABC 方法聚焦于整个项目建造的各种活动以及活动的不同阶段,比传统方法能更好地预估项目的成本。ABC 方法可以用于预测新项目或正在进行中的项目的成本以及项目的绩效评价。此外,W. E. Back 等(2000)在 *Activity Based Costing as a Tool for Process Improvement*

Evaluations 中也对作业成本法在建筑施工方面的应用进行了研究。他们发现,在工程项目的设计和许多通用的施工工序中都包含了大量可变的个别活动,而且这些工序本身也具有高度可变性,因此需要调整 ABC 模型,以适应那些个别活动及工序内在的可变性,从而使成本预测更精确。

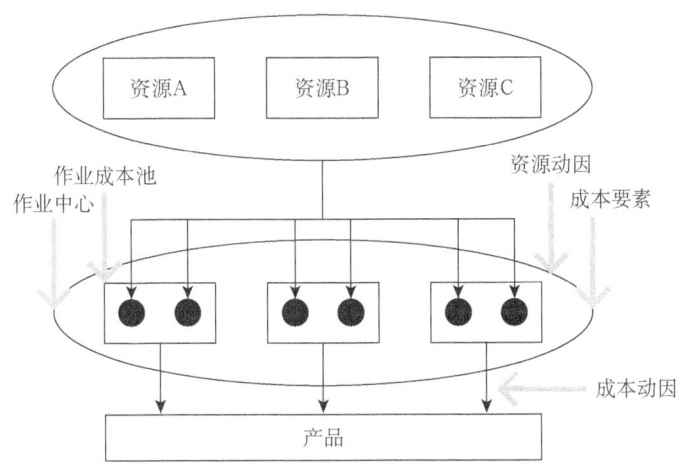

图 2-3 作业成本管理

张建萍和孙晖(2020)运用作业成本法和价值流成本管理方法,识别了住宅建设项目施工作业中的非增值作业,并对其进行了成本核算,从而实现了住宅建设项目施工阶段的精益成本管理。杜小武和张辛辛(2021)提出在成本管理体系中融入 BSC+ABC 模式,以此来解决我国工程项目成本管理工作中成本考核机制不健全、成本管理过于粗放等问题。

2. 战略成本管理

20 世纪 80 年代,英美等国家的管理会计学者开始倡导从战略角度来研究成本形成与控制的战略成本管理(Strategic Cost Management,SCM)思想。20 世纪 90 年代以来,对这一思想与相关方法的讨论日趋深入,日本和欧美的企业管理实践也证明了这是获取长期竞争优势的有效方法。实施战略成本管理,应该从价值链和成本动因分析入手,对企业成本从战略高度进行分析和管理。

美国学者 Michael Porter 在其代表作《竞争战略》(1997)和《竞争优势》(1988)中提出了竞争优势战略观点和价值链分析思路,它为企业的成本管理提供了分析企业战略成本的方法体系,即首先进行战略价值链分析,以此了解企业在行业中的位置,从企业内部分析以了解自身的价值链,从竞争对手分析以了解对手的价值链,从而达到知己知彼、洞察全局的目的,并由此形成价值链的各种战略。它包括行业价值链分析、企业内部价值链分析、竞争对手价值链分析等。美国管理会计专家 John Shank 和 Vijay Govindarajan 等（1993）在《战略成本管理》中通过对成本信息在战略管理四个阶段（战略的简单表述、交流、推行和控制阶段）的作用进行研究，指出战略成本管理是成本信息针对战略管理循环的管理化应用，战略成本管理包括价值链分析、战略定位分析和成本动因分析等方面。

张红标和颜斌（2021）基于战略成本管理梳理总结了中国工程造价的管理历史，并基于此展望了我国未来工程造价的发展路径，分析了我国工程造价管理的三种模式并总结提炼了其特征。

3. 目标成本管理

目标成本管理又被称为成本企划，最早的目标成本法源于美国，而当日本学者将这种目标成本管理方法用于实行横向一体化管理模式的日本企业时，就产生了如今的成本企划。因此，成本企划可以说是具有日本特色的目标成本管理方法，是日本学者在目标成本法的应用中对其创造性的发展。成本企划也是日本成本管理模式的核心和精华，于 20 世纪 60 年代中期诞生于日本的汽车制造业，最早由丰田汽车公司开始采用。20 世纪 50 年代后期，丰田公司将降低成本的目光由制造环节转移到制造之前，即从产品的规划、设计、试生产等阶段入手加强成本控制与管理。许多有名的日本企业都采用了这种成本管理方法并取得巨大成功（陈胜群，1997）。

目标成本管理是一种先导性和预防性的成本控制方法，它实质上是一种成本的前馈控制方法，事先制定好一个成本目标，然后以这个成本目标为标准，不断调整方法和步骤，使实际成本不至于超出目标成本。目标成本管理体现了源流思想和成本注入两种成本管理的新思维。源流思想是寻找成本控制的源头，将降低成本的"重心"推溯至开发、设计阶段，从源头采取有效措施（陈胜群，1998）。成本注入是在产品设计过程中就把成本不断"注入"进去，力求图纸上有限的"注入成本"等同于制造现场的实际成本，确保前期成本降低的可能性。

我国亦有大量学者集中在目标成本管理领域做研究。我国对目标成本的研究始于 20 世纪 90 年代。1996 年，陈胜群在《成本企划的思想与方法概述》一文中，对成本企划的基本思想、概念、实施方法等作了简要介绍，第一次把目标成本管理思想引入我国。他先后在各类期刊上发表《论日本成本管理的代表模式——成本企划》《成本企画：从旧的管理实践到新的管理思想——一种正在影响全球成本管理思潮的日本代表模式》《日本成本企划中的"观念工程"》等多篇文章，进一步阐述了成本企划的发展及特性，分析了英美目标成本管理与日本成本企划的差异。

进入 21 世纪，国内学者对目标成本的理论研究越来越深入。蒋卫东等

(2003)在《面向顾客的供应链目标成本管理》一文中运用以顾客需求为导向的目标成本法对供应链成本管理进行优化,根据顾客需求和供应链合作关系的不同,提出基于价格、基于价值、基于作业的三种供应链目标成本管理模式。陈祥有(2009)在《基于目标成本管理的作业成本法》中通过分析目标成本法和作业成本法的各自特点,将两者结合起来,创建了基于目标成本管理的作业成本法。覃晓艳等(2005)在《目标成本管理在房地产开发企业中的应用》一文中,结合房地产开发流程简要论述了房地产项目目标成本的测定、分解、控制、分析,认为房地产企业实施目标成本管理必须提高企业员工的职业素养,建立健全目标成本管理体系。王稳朝(2011)在《房地产企业目标成本控制体系研究》一文中根据房地产项目开发特点,结合自身实践经验,总结出了房地产企业目标成本管理的实施原则、目标成本控制流程及目标成本控制体系的维护。

吴雪林(2008)在《目标成本管理》一书中讲述了目标成本管理的基础和流程,分析了如何通过目标成本确定产品价格和利润率以及如何将顾客需求纳入目标成本管理的问题,并介绍了目标成本管理的组织者和参与者以及目标成本管理的一些支持性和技术性问题。张保成(2004)在《基于信息化的房地产成本控制战略》一文中指出,在制定好目标成本后,管理者需要系统、动态、及时地全程监控实际成本,在实际成本超出目标成本时要迅速寻找压缩实际成本的方法。刘明芳、王卓甫(2014)利用DEA模型对影响房地产投资决策的因素进行分析,将开发风险、开发周期、拟投入成本、拟投入技术人员、基础配套设施费用及区域熟悉度作为输入指标,以预期利润、升值潜力、销售情况指数、内部收益率及投资收益率作为输出指标,建立房地产投资决策模型,并通过实例进行效率评价。王化峰(2015)以建筑安装工程费用、土地征用拆迁补偿费用、间接开发费用、基础设施建设费用、项目前期和公共辅助设施费用等5个因子作为输入指标,以收益作为输出指标,以5个房地产开发商作为决策单元,运用DEA模型对房地产项目成本管理问题进行了研究。

高峰(2021)对目标成本管理方法在房地产开发项目的成本管理中的应用进行研究后发现,当前房地产开发项目中的目标成本管理方法存在目标成本制定不合理、对重点工作不够重视、动态管理能力不足、考核方式不合理和系统性不足的问题。董慧文(2021)的研究结合了顺义平各庄项目的实际情况,强调了明确目标成本在房地产开发项目的责任成本管理实施中的重要性。

4. 产品全生命周期成本理论

产品全生命周期成本理论认为成本包括产品开发设计、生产制造、营销和使用维护阶段的成本以及产品报废产生的处置成本,即将成本的范围向企业整体价值链拓展。企业在注重产品生产过程中的成本的同时,还要注意其他环节的成本。要实现产品全生命周期总成本的最低,就必须探求成本动因,挖掘成本压缩潜力。这种管理模式使企业克服只注重短期行为的管理倾向,把管理的重心扩大到产品全生命周期,让产品能够长期盈利;同时使企业意识到产品在全生命周期中产生的社会责任成本,能提高企业对社会的责任感。

全生命周期造价管理主要是由英美国家工程造价界的一些学者和实际工作者于20世纪70年代末80年代初提出的,后在皇家特许测量师协会(Royal Institution of Chartered Surveyors,RICS)的直接组织和大力推动下,进行了广泛深入的研究和推广。它是运用多学科知识,采用综合集成方法,重视投资成本、收益分析与评价,运用工程经济学、数学模型方法,强调工程建设期、未来运营维护期总成本最小的一种管理理论和方法。O. Orshan(1984)的《全生命周期造价:比较建筑方案的工具》一文从建筑设计方案比较的角度出发,探讨了在建筑方案设计中应全面考虑项目的建造成本和运营维护成本的概念和思想,提出了工程项目成本划分方法、工程项目造价的数学模型和工程项目的不确定性风险的估算方法。

代春利(2015)使用产品全生命周期成本理论分析了房地产企业的环境成本,指出房地产企业可以使用产品全生命周期思想来对环境成本进行管理,从而实现经济效益和环境效益的最大化。

5. 全面成本理论

20世纪80年代初,随着对工程项目管理的深入研究和观念转变,美国传统的项目造价管理模式的弊端不断显现,它逐渐不能满足现代项目管理模式的要求。国际全面成本管理促进会前主席R. K. Westney在1991年将全面成本管理定义为:通过有效地使用专业知识和专门技术去计划和控制项目资源、成本、盈利和风险。在建筑领域,实行工程项目的全面成本管理,也就是实行全项目、项目全员、项目施工全过程的成本管理(马梦等,2004)。

彭凤琴(2020)提出当下的房地产企业在全面成本管理方面存在全面成本管理理念需要转变、施工过程的成本管理不完善、对投资环节的认识不足等问题,并指出房地产企业应加强设计环节的成本管控、有效落实成本责任、提高投资环节的管控力度以加强全面成本管控。

2.3 小结

国内外的学者对经营绩效的内涵、外延及其评价方式都有了一定的研究基础,在文献回顾的基础上,本书将所研究的经营绩效定义为:"房地产项目经营活动中,在既定的各项投入约束下获得最大化的产出,或在既定产出目标条件下实现各项投入的最小化。"此时的房地产项目经营活动才是最有效的。此外,当前针对成本管理的研究主要包括作业成本管理、战略成本管理、目标成本管理、产品生命周期成本理论和全面成本理论五大理论,本书旨在在此基础上结合房地产股权投资项目的实证研究,从成本管理角度给出提升经营绩效的方法建议。

纵观当下国内外在房地产项目经营绩效评价领域的研究,从房地产开发企业的视角出发对成本管控和绩效评价的研究已经较为成熟,但在房地产股权投资项目方面的研究在数量和深度上都还存在一定欠缺。例如,在投入产出基础理论方面,大部分行业主要的生产要素投入都是从人、财、物等大类展开,主要的产出是有形产品、无形产品(服务)或各种财务类指标。国内专家、学者在对房地产企业经营效率进行评价分析时,投入指标主要有主营业务成本、从业人员、管理费用、销售费用、固定资产、土地储备面积等,产出指标主要有营业收入、净利润、利润率、房屋竣工面积等。这些指标都是针对普通的房地产项目,而本书研究的主要是基于股权投资模式参与项目,并未完全参与项目开发阶段的报批报建、设计、招采、工程的实操工作,故在指标的考虑上也应有所区别,从业人员、固定资产、土地储备面积等指标显然不适用于此类项目,对于股权投资方来说,资金的投入与回报才是最重要且关键的指标。资金的投入主要就是土地款和建安成本、期间费用的投入。

所以,对于房地产股权投资企业来说,如何在参股不操盘的情况下,做到精准的成本管理,保证投资收益的实现,是一个较为崭新的课题。首先,股权投资模式在整个房地产行业占比不高,尽管各地区均有当地企业入股房地产开发项目,进行个别项目的一二级开发,但全国范围内只有少数几家企业在做成规模、成标准体系的股权投资项目。其次,股权投资模式有较好的发展前景,既能作为股东分享项目利润,优于债权投资只收取固定债息的模式,又能参与项目的日常经营事项,变被动接受为主动管理,在投后阶段把握项目方向,确保投资收益的实现。

本书在前人研究的基础上建立了房地产股权投资的经营绩效评价模型,并从绩效评价的投入端——成本管理入手进行房地产股权投资项目经营绩效评价的相关研究,为已经进入这一领域的企业提供绩效评价的工具和绩效提升的方法,亦可为未来想进入这一行业的企业提供启发和借鉴。

3 房地产项目股权投资方式与股权合作模式

3.1 房地产项目股权投资方式

目前市场中主流的房地产项目投资方式有房地产股权投资、房地产基金、房地产投资信托基金和房地产信托四种。

3.1.1 房地产股权投资

股权投资基金，在中国通常称为私募股权投资。从投资方式的角度看，根据国外相关研究机构的定义，它是指通过非公开的方式，面向具有一定资金实力的机构或个人投资者，通过点对点定向募集的方式将资金筹集起来设立基金，对私有企业，即非上市企业进行权益型投资，并对被投资企业提供融资、管理、市场等方面的增值服务，使被投资企业在取得资金及相关增值服务的基础上能超常规迅速成长，更为重要的是，私募股权基金在交易实施过程中附带考虑了将来的退出机制，即通过上市、并购或管理层回购等方式，出售持股获利。

私募股权投资根据不同的标准主要分为风险投资（也叫创业投资）、发展资本、并购基金、夹层资本等。

风险投资（Venture Capital），广义上泛指一切高风险高收益的投资行为，狭义上是指投资者对具有良好市场前景但缺乏资金的创业项目进行资助以获取股权、分红等投资回报。风险投资最早出现于19世纪末的美国，到了1946年，第一家现代意义上的风险投资公司美国研究与发展公司宣告成立，成为现代风险投资业发展的里程碑。与相信"一见钟情"的天使投资相比，风险投资更为谨慎，通常选择有比较成熟的经营模式、处于快速成长期的创业公司进行投资，一般千万元级起投。风险投资机构会对创业项目进行专业细致的筛选、调查、估值等一系列程序，把钱投向那些市场前景良好的公司。风险投资是私人股权投资的一种形式。投资之后，投资人获得相应股权，并会对创业公司的各项事务进行监管,并提供必要的服务,承担一部分管理工作。风险投资并不热衷于控制一家公司,而是追求丰厚的回报,最终一般会转让所持有公司的股权,或者等公司成功上市后,通过首次公开募股(Initial Public Offering,IPO)出售股份获利。我国的风险投资起步于20世纪80年代,一大波互联网公司如新浪、搜狐、阿里巴巴等,都曾得到风险投资的青睐。对于创业阶段的中小企业来说,风险投资为他们提供了资金支持,帮助他们发展得更快、走得更远。

发展资本(Development Capital),即狭义的私募股权投资基金,是从事私人投资股权的基金,主要包括投资非上市公司股权或上市公司非公开交易股权两种。这类基金一般投资于已经有相对成熟的技术和商业模式或者前景看好的产品或服务且还没有上市的企业股权。这类企业在同行业内有明显的竞争优势,企业经营状况良好,管理科学,法人治理结构规范,经营管理团队有极强的战斗力,企业总体处于快速发展阶段。股权投资是目前盈利最高的投资模式之一。2000年,互联网泡沫在美国破裂,南非MIH集团接手已成烫手山芋的腾讯部分股权,14年时间投资回报近1 500倍。与此同时,孙正义投资阿里巴巴2 000万美元,2014年,阿里巴巴在纽交所上市,2 000万美元升值为500多亿美元,增值2 500倍,孙正义一举成为日本新首富。2016年和2017年的"两会"中均提到了"股权投资",并鼓励设立股权投资基金,引导股权投资基金良性发展,加大股权融资力度。可以说,股权投资正当时。

并购基金(Buyout/Buyin Fund),其设立的目的主要是并购符合并购基金筛选要求的企业,获得标的企业的控制权,并在并购后由并购基金主导企业日常经营。常见的运作方式是并购企业通过重组改善提升业绩,实现企业上市或股权出售,从而获得丰厚的收益。并购基金投资退出的渠道有IPO、售出(tradesale)、兼并收购、标的公司管理层回购等。国际上耳熟能详的并购基金有黑石、KKR、凯雷。并购基金在中国开展得并不好,究其原因,主要有政治原因、家天下情结、运营管理能力欠缺、对资本运作不熟悉等。比如2005年,凯雷将收购徐工机械85%股权的消息一披露,就引起轩然大波,舆论质疑该交易或存在国有资产贱卖。商务部和国资委也召集行业内骨干企业及徐工的上下游企业进行内部听证,讨论收购中的焦点问题,最后有关部门要求凯雷对收购徐工的方案进行整改,持续调低股比。2008年,双方发布联合声明,终止合作,该笔并购最终不了了之。此外,平安信托收购上海家化后,家化原董事长不满平安资本的运作,发微博公开指责称"平安进来后,家化集团便名存实亡,只有卖资产",后提出辞职,引发股市震荡。

夹层资本(Mezzanine Capital),夹层的概念最早产生于美国华尔街,在当时主要作为垃圾债权评级和投资级债权评级之间的一种债权等级,之后才融入公司财务中作为一种新的融资方式,是介于企业优先债权和股本之间的一种融资方式,主要指项目或公司通过夹层资本来融通资金的过程。夹层资本的风险和收益介于企业债务资本和股权资本之间,其本质是一种无担保的长期的债权类收益凭证,是传统风险投资的延展。夹层资本是杠杆收购特别是管理层收购(Management Buy-Outs,MBO)中的一种融资来源,它的作用是填补一项收购在考虑了股权资金、普通债权资金之后仍然不足的收购资金缺口。MBO 的支付方式是全现金收购,而非换股收购,所以收购融资至关重要。在一项典型的 MBO 融资结构中,资金来源包括三个部分:①购买价格的 10% 由管理层团队提供,这部分资金形成了并购完成后重组企业的股本资本;②购买价格的 50%～60% 由银行贷款提供,这部分资金形成了高级债权,以企业资产作抵押,一般是由多家银行组成的银团贷款;③30%～40% 的购买资金由夹层基金提供。

　　1992 年,IDG 资本进入中国,创业投资在中国萌芽,市场的参与者以美元基金为绝对主导。2005 年,VC/PE 市场募资创新高,互联网成为投资热点。2006 年,《中华人民共和国合伙企业法》颁布。2007—2008 年,外资机构受全球金融危机影响较大,本土机构逐渐崭露头角,人民币基金投资活跃度开始提升,国内股权投资机构开始萌芽。2009 年,中国创业板正式上市。2013 年,中编办印发《关于私募股权基金管理职责分工的通知》。2014 年 9 月,李克强总理首次公开提出"大众创业、万众创新"的口号,在"双创"大发展和"供给侧结构性改革"的推动下,国内优质可投资产不断涌现,大批民营 VC/PE 机构、国资机构、保险资金等金融机构、战略投资者纷纷入场,为股权投资市场注入活力(表 3-1)。2018 年 4 月,《关于规范金融机构资产管理业务的指导意见》(简称"资管新规")正式公布,实现对各类机构开展资产管理业务的全面、统一覆盖,通过采取有效监管措施,加强金融消费者权益保护,重点针对资产管理业务的多层嵌套、杠杆不清、套利严重、投机频繁等问题,设定统一的标准规则,提高合格投资者认定条件,打破刚性兑付,严禁资金池业务,以及消除多层嵌套和通道,最多只可嵌套一层,同时对金融创新坚持趋利避害、一分为二,过渡期内允许发行一部分老产品投资符合要求的新资产,对于由于特殊原因难以回表或未到期的存量资产,可适当安排妥善处理,留出发展空间。在复杂的国际环境和监管升级的形势下,中国股权投资市场进入调整期,市场回归价值投资,机构更加注重提升自身风险控制和投后管理能力。

表 3-1 截至 2019 年底中美 VC/PE 投资一览表

指标	美国(VC/PE)	中国(早期/VC/PE)
募资金额	2 218.66 亿美元	13 317.41 亿元
投资案例数量	13 776 起	10 021 起
投资金额	8 438.86 亿美元	10 788.06 亿元
退出案例数量	1 913 笔	2 657 笔

数据来源:美国数据来源于 Pitchbook,中国数据来源于清科研究中心私募通。

3.1.2 房地产基金

房地产基金主要分为公募和私募两种,目前占主导的是房地产私募基金。房地产基金特指投资于房地产领域的基金,一般情况下作用于一级市场,直接投资于房地产产业和资产;同时也可作用于二级市场,例如一些投资房地产相关证券的房地产证券投资基金。

房地产基金可以投资在房地产项目或企业的不同阶段(价值链),可以在不同的时间点介入房地产开发。常见的投资模式是"股权+债权"的夹层投资模式。房地产过桥投资就是一种夹层投资。过桥投资是弥补融资方在时间缺口上所需资金的一种投资,因房地产行业投资规模大、周期长,房地产企业通常需要借助房地产基金的过桥投资补充土地投标之后的拿地资金、项目开发资金,如拿地后四证齐全前银行不发放开发贷款阶段的缺口资金、拿到预售证后结构封顶前银行不发放按揭贷款阶段的缺口资金、大宗物业或烂尾楼项目收购资金、商业地产开发资金等。当开发商现金出现缺口时,房地产基金可以以贷款形式介入。

(1) 根据交易的限制情况,房地产基金可以分为开放式和封闭式两大类,组成形式为公司制、契约制和合伙人制三种。

开放式基金因为在设立时其规模不确定,所以可以随时向投资者出售或者赎回基金单位或股份,无固定存续期,按评估价值计价。而封闭式基金在设立时已限定了基金单位的发行总额,规模是固定的,所以一旦成立后不再接受新的投资,只能通过公募(如交易所转让)或私募(如找到愿意购买的潜在投资者)的方式交易,不能赎回。封闭式基金属于信托基金。采用共同基金组织形式的综合房地产基金属于开放式基金,而采用业主有限合伙制(Master Limited Partnership, MLP)的房地产投资基金多为封闭式基金。

(2) 根据成立的形式,房地产基金可分为公司型、契约型和有限合伙型三大类。

公司型房地产基金以《中华人民共和国公司法》为基础设立,其组织形式类似于股份制公司,认购人和持有人都是股东,享有股东的一切利益,也是基金公司亏损的最终承担者,股东构成股东大会并选举董事会,董事会负责基金运作,或董事会聘任基金管理公司负责基金运作,通过发行基金单位筹集资金并投资于房地产。

契约型房地产基金,即信托型基金,是以《中华人民共和国信托法》为基础,根据当事人各方订立的信托契约,当事人为基金受益人、管理人和信托人三方,由基金发起人发起,公开发行基金凭证来募集投资者的资金而设立的房地产投资基金。管理人负责基金的运作,托管人对管理人的行为进行监管,基金本身不具有法人地位。我国房地产市场及证券市场发展尚不完善,契约型基金多以封闭式为主。公司型和契约型房地产基金组成人数均要求不超过200人。

有限合伙型房地产基金将合伙人分为普通合伙人(General Partner,GP)和有限合伙人(Limited Partner,LP),按照《中华人民共和国合伙企业法》规定,合伙人数应该在2人以上50人以下,且至少有一个GP。LP不参与合伙企业的日常管理,GP参与合伙企业的日常管理,因此需对合伙企业的债务承担无限责任,GP一般由有一定投资技巧的专业人士或机构担任。为了规范GP的行为,合伙企业一般要求GP象征性地投入少量资本,一般为募集总额的1%～10%,其余部分由LP认缴。

(3) 根据投资方向的不同,房地产基金可以分为债权型投资基金、股权型投资基金和混合型投资基金三类。

债权型投资基金以收取固定收益利息为主,收回贷款即完成退出,基金管理人通过收取通道费盈利。基金主要通过为开发商提供贷款,收取利息获得盈利。但对开发商来说,通过房地产基金融资成本高,一般仅将其看作银行或者房地产信托的替代而进行短期拆借。

股权型投资基金则是获得股权,并参与项目运营,分经营、开发两类。经营类房地产基金持有物业并收取租金,享有租金及物业增值收入,经营周期长,收益稳定,收购的物业大多为购物中心、公寓、写字楼、仓库等,退出方式为资产转让或资产证券化,变成房地产投资信托基金(Real Estate Investment Trusts,REITs)形式。2018年,国内共成功发行13个单类REITs产品,发行总金额为253.68亿元。纯股权开发类房地产投资则是以股权形式介入项目,与开发商一起共担项目的风险与收益,虽然可能获得超出债权收益的高回报,但是也伴随着建设期和销售期的高风险。纯股权投资在国内开展难度较大,夹层投资占据主流地位。国内类REITs发行情况如图3-1—图3-3所示。

混合型投资基金可以充分利用以上两种投资基金的特点,针对特殊的投资需求确定投资组合,甚至可以根据房地产周期的波动、市场的变化不断调整投资

3 房地产项目股权投资方式与股权合作模式

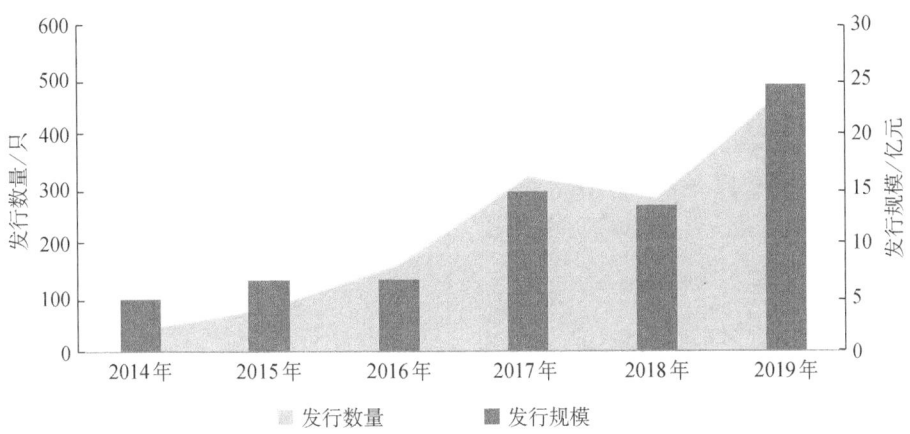

图 3-1　2014—2019 年国内类 REITs 发行数量与规模

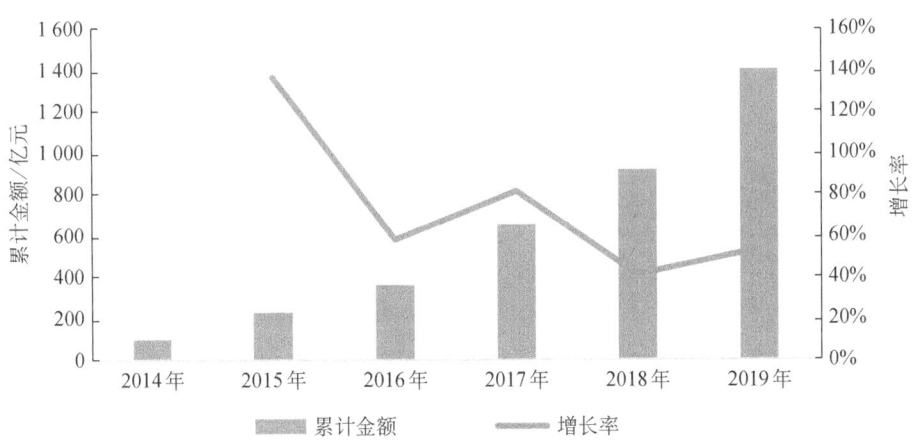

图 3-2　2014—2019 年国内类 REITs 发行的累计金额和增长率

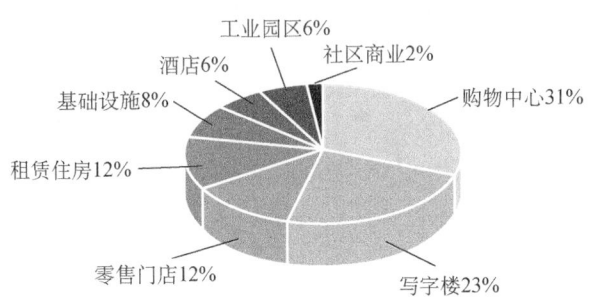

图 3-3　国内已发行类 REITs 的持有资产类型

策略。我国近一半的房地产基金采用"股权+债权"的投资模式参与房地产投资。在股权投资方面,房地产基金一般会做大股权,即使不做大股权,也会在表决机制上作保护性安排。在债权方面,基金以股东身份进入项目公司后,为公司提供股东借款,一般贷款要远大于股权规模。在投后管理上,房地产基金行使监管责任,运营仍由开发商承担。这种制度安排引入了监督机制,减少了贷款风险,同时避免了银行委托贷款的费用,另外,股东借款可以以股东分红收益免缴部分税款。

3.1.3 房地产投资信托基金

房地产投资信托基金的本质是一种通过发行收益凭证而获取投资者资金以形成资金池并以资金池中的资本收购具有稳定现金流的房地产项目或者为房地产开发企业融资的信托基金(叶学平等,2019),其实质上是一种金融创新产品。

与房地产基金中的类REITs不同,房地产投资信托基金以公募的方式开展,是一种标准化的并且可流通的金融产品。房地产投资信托基金一般从上市或非上市公司收购房地产资产包并且严格限制对购入资产的出售,产品的较大部分收益来源于所收购的房地产项目租金收入、房地产抵押利息或出售房地产的收入,能够在证券交易所上市流通。对于融资方来说,房地产投资信托基金是一种直接融资方式,因为通过此种方式融资的融资方需要出让建筑物的所有权。

美国全国房地产投资信托协会(National Association of Real Estate Investment Trusts,NAREIT)认为,REITs主要可以分为混合型(hybrid)、权益型(equity)和质押型(mortgage)三类(邹静等,2018)。其中,权益型房地产投资信托基金指的是那些直接持有能够产生现金流的房地产项目的信托基金;质押型指的是信托基金持有的资产主要是抵押贷款,此类信托基金产品的收益来源主要是利差(spread);混合型指的是以上两者均有的信托基金产品(戴金明,1993)。

成熟的REITs市场多为权益型投资,投资的标的既含有传统的商业地产,如零售地产、写字楼、酒店、公寓、疗养中心等,亦有基础设施类的资产,如传统的工业厂房、物流中心、数据中心(Information Data Center,IDC)等,主要的收益来源是各类物业的租金以及不动产的增值收益。

REITs的投资者除个人投资者外,还有各种类型的机构投资者,如养老基金、交易型开放式指数基金(Exchange Traded Fund,ETF)、银行的信托部门、保险公司等。

相较于其他投资方式,REITs主要有如下特点:①收益的主要来源是租金和不动产升值;②绝大多数收益用于发放分红,有些国家法律规定 90% 的收益必须用于分红;③它是介于股债之间的一种投资,并且与股债的相关系数较小。

在 REITs 发展已经相对成熟的国家,有着完整的税收制度,从而避免了双重征税的问题,并且,REITs 降低了不动产的投资门槛,让不动产投资也获得了较高的流动性。

发展 REITs 对我国具有重大意义,主要包括以下六点。

第一,通过 REITs 可以进一步拉动投资,从而盘活基建领域的存量资产,推动经济发展,增加政府税收,加快城市更新的步伐。

对国家经济而言,REITs 有助于加强资本市场的建设、促进资金流动,并且有助于提升不动产行业的透明度和流动性,从而推动经济发展;对政府而言,REITs 产品有助于政府扩大税基,从而改善财务状况(曹阳,2019);对持有各类基础设施的企业和项目公司而言,发行不动产投资信托基金可以帮助其实现轻资产的运营模式,从而实现中长期运营模式的改善,从原来的重资产持有模式到以后的轻资产管理运营模式。此外,REITs 还可以帮助这些企业改善各类财务指标,降低企业的杠杆率,有助于提升企业中长期的净资产收益率(Return Of Equity,ROE)。从长远来看,REITs 作为一种新型投资工具,将加快国内城市更新的步伐。

第二,或成为化解地方政府债务的有效手段。

当今中国负债最高的两个部门分别是地方政府和房地产公司。财政部 2020 年 1 月 22 日发布的公告显示,截至 2019 年 12 月末,全国地方政府债务余额为 213 072 亿元,控制在全国人大批准的 240 774.3 亿元限额内。但地方政府隐性债务为 30 万~50 万亿元,取均值约 40 万亿元。可见,我国隐性债务规模整体较高,并且目前地方政府债务较大的比例是投资于基础设施建设。借助于 REITs 这一权益类投资工具,大量基础设施领域的存量资产可以变成流动性更强的证券产品,从而有效化解地方政府的债务问题。

第三,为地方政府城投平台的转型之路作铺垫。

目前城投公司往往重视建设而轻视对资产的运营,城投公司名下往往有着大量的存量资产,像水电气热等市政工程、废水垃圾等污染物的处理厂和产业园区等项目,这些项目很多都是城投公司通过债务性融资获取资本来建设的。在未来,城投公司若是还延续以往的那种只重视建设而轻视运营的思路,将难免会遇上发展的难题。在 REITs 正式推出后,因 REITs 产品的评级依靠的是底层资产自身的评级,不依赖于发行主体,地方政府的城投公司或可转型为 REITs 的管理人,但这也要求城投公司更加注重项目的市场化效益和社会的需求,通过项目运营进行市场化转型。

第四,成为政府逆周期调控的重要管理工具以及未来不动产市场最重要的资金供应方。

REITs作为一种权益型投资工具,可以为我国不动产市场的发展提供长期的资金支持。待REITs这一投资工具发展成熟后,它或将成为不动产市场资金的最主要供应方。故引入REITs有利于我国房地产行业的持续健康发展,并可为我国政府提供一个崭新的逆周期调控工具。

第五,帮助传统房地产开发商进行资产出表,为传统房地产企业的转型提供了可能。

从供给端来看,持有不动产的企业(如传统房地产开发商或持有不动产的零售巨头等),REITs的推出为其提供了将资产出表的可能,这些企业通过REITs进行出表融资,可以实现企业名下存量资产的盘活,从而实现企业的轻资产运营模式。

第六,丰富我国民众的投资渠道,帮助民众分享地方发展的红利。

从发达国家的经验来看,REITs通过将原本投资金额巨大的不动产分割成投资门槛较低的证券产品,加上房地产投资信托基金本身就具有风险收益率高、收益分红比例高、与大盘金融资产关联性低的特点,所以在相关政策成熟后,REITs有望成为第四大金融资产(前三分别是现金、股票、债券)。从需求端来看,REITs的发展为社保投资、保险资管等行业带来了投资机会,同时也拓展了民众的投资边界,基础设施所在地的民众还可以以权益类投资者的身份一同参与到地方发展中来,分享当地经济增长的红利。

当下,国际上已经有超过40个国家和地区推出了REITs产品,目前不动产投资信托基金的全球总市值已经超过2万亿美元。其中比较成熟的REITs市场有美国(US-REITs)、新加坡(S-REITs)、澳大利亚(A-REITs)、中国香港(HK-REITs)和日本(J-REITs)。

美国是目前REITs发展最为成熟的市场。在60多年前,美国就通过了《房地产投资信托法案》,该法案的通过标志着REITs在美国正式出现。经过60年的发展,美国不动产投资基金的市场规模达到1.33万亿美元(2019年底数据),约占其对冲基金(hedge fund)规模的44%,亚洲市场的J-REITs、S-REITs、HK-REITs总市值规模也分别达到了1 472亿美元、717亿美元、335亿美元(2020年3月数据)。值得一提的是,在一些相对成熟的市场中,REITs行业的总市值早已超过了传统的房地产开发行业。

从国际经验来看,REITs都是在经济困难或危机时期应运而生或快速发展的,REITs为市场带来新的投资选择,推动市场从债权市场向股权市场过渡,或为低迷的市场注入新的强心针。美国在20世纪60年代开始出现房地产投资信托基金,亚洲几个国家或地区在2001年前后出现。

与海外成熟的REITs市场相比,我国的REITs起步晚、发展慢,表3-2总结了我国REITs发展中的里程碑事件。

表3-2 国内不动产投资信托基金(REITs)发展里程碑事件

时间	里程碑事件
1998年	国务院在7月3日下发《国务院关于进一步深化城镇住房制度改革加快住房建设的通知》(国发〔1998〕23号),彻底停止住房实物分配,单位与职工之间的住房纽带被切断,我国的住房制度进入全新的市场化时代。
2001年	1月10日,《信托投资公司管理办法》由中国人民银行颁布施行;4月28日,《中华人民共和国信托法》由第九届全国人大常委会第21次会议通过。
2002年	重新修订的《信托投资公司管理办法》在5月9日由中国人民银行颁布,信托业务开始开展,房地产信托业务逐渐出现。
2005年	银监会颁布《关于加强信托投资公司部分业务风险提示的通知》,严格限制了房地产信托产品发行的门槛;12月21日,国内的越秀投资在香港证券市场上成功发行了越秀REITs,这是中国第一个真正意义上的REITs产品。
2006年	《关于规范房地产市场外资准入和管理的意见》(建住房〔2006〕171号)发布,限制房地产市场外资投资,受此影响,多家准备采用越秀模式在香港上市的计划都搁浅,REITs的发展受阻。
2008年	6月1日,《2007年中国金融市场发展报告》正式出版,央行明确表示要充分利用金融市场的创新空间,未来或可择机推出REITs产品。
2009年	REITs试点管理协调小组成立,随后债券型REITs产品在上海、北京、天津开展试点工作。
2010年	《关于加快发展公共租赁住房的指导意见》(建保〔2010〕87号)发布,鼓励金融机构发放公共租赁住房中长期贷款,并鼓励金融机构"探索运用保险资金、信托资金和房地产信托投资基金拓展公共租赁住房融资渠道"。
2011年	汇贤产业信托成功在香港上市,鹏华美国房地产基金成为中国内地第一只投资美国房地产的基金。
2013年	国内第一只美国房地产指数基金——广发美国房地产指数基金正式开盘,内地第一只上市的酒店地产基金——开元酒店地产基金也在香港成功上市。
2014年	9月29日,《关于进一步做好住房金融服务工作的通知》正式颁布,文件强调"继续支持房地产开发企业的合理融资需求",并提出"积极稳妥开展房地产投资信托基金(REITs)试点";中信启航专项资产管理计划获得批准后首次在交易所流通。

(续表)

时间	里程碑事件
2016年	10月10日,《关于积极稳妥降低企业杠杆率的意见》(国发〔2016〕54号)正式颁布,鼓励有序开展资产证券化,鼓励企业通过发展REITs以向轻资产模式转型。
2017年	首单长租公寓类REITs——新派公寓类REITs于12月14日正式挂牌上市;兴业皖新阅嘉一期房地产投资信托基金正式发行,为国内首只银行间类REITs。
2018年	《关于规范金融机构资产管理业务的指导意见》于4月27日正式发布实施,对固定权益类投资和公募REITs来说是一个重大机遇。
2019年	全年发布类REITs产品24只,发行规模达到487.5亿元,其中有3只高速公路类REITs发行,新增了基础设施这一资产类型。
2020年	4月30日,《关于推进基础设施领域不动产投资信托基金(REITs)试点相关工作的通知》由中国证监会、国家发展改革委联合发布。基础设施领域的公募REITs试点工作从此正式启动。

2020年4月24日,中国证监会和国家发展改革委发布了《关于推进基础设施领域不动产投资信托基金(REITs)试点相关工作的通知》(以下简称《通知》),对仓储物流,收费公路、机场港口等交通设施,水电气热等市政设施,产业园区等其他基础设施进行试点工作,不含住宅和商业地产,主要避免资金流入房地产,并有目的地往基建投资引导。需注意的是,证监会和发展改革委的《通知》属于部门规范性文件,不属于法律文件,所以不能对抗现有上位法,包括《中华人民共和国信托法》《中华人民共和国证券法》《中华人民共和国证券投资基金法》。

在《通知》发布之后,发展改革委、证监会、沪深交易所都相继发布了各类政策文件,表3-3对这些政策文件进行了总结。

表3-3 关于REITs的政策文件

时间	文件名称	发行部门
2020年4月30日	《公开募集基础设施证券投资基金指引(试行)》(征求意见稿)	证监会
2020年7月31日	《关于做好基础设施领域不动产投资信托基金(REITs)试点项目申报工作的通知》(正式稿)	证监会
2020年8月6日	《公开募集基础设施证券投资基金指引(试行)》(正式稿)	发展改革委

(续表)

时间	文件名称	发行部门
2020年9月4日	《公开募集基础设施证券投资基金业务办法(试行)》(征求意见稿)	沪深交易所
2020年9月4日	《公开募集基础设施证券投资基金发售业务指引(试行)》(征求意见稿)	沪深交易所
2020年9月4日	《公开募集基础设施投资基金业务审核指引(试行)》(征求意见稿)	深交所
2020年9月22日	《公开募集基础设施证券投资基金网下投资者管理细则》(征求意见稿)	证券业协会

在2020年《通知》发布之前，中国内地没有真正成功的房地产投资信托基金的先例，大多是以类REITs的方式进行募集。截至《通知》发布，沪深两个交易所各自发行了31个和39个类REITs产品，规模分别为548亿元和775亿元，前文已经对类REITs的发行规模、发行数量、增长率和资产类型进行了介绍，此处不再赘述。表3-4是从产品视角出发对我国REITs的各个"第一"进行了总结。

表3-4 我国REITs的各个"第一"

序号	领域	产品名称
1	首个权益类REITs产品	中信起航
2	首个公募REITs产品	鹏华前海万科
3	首个酒店类REITs产品	彩云之南REITs
4	首个PERE+REITs产品	大融城REITs
5	首个抵押类REITs产品	北京银泰中心REITs
6	首个银行间公募REITs产品	兴业皖新REITs
7	首个长租公寓资产类REITs产品	新派公寓类REITs
8	首个社区商业类REITs产品	新建元邻里中心REITs
9	首个央企租赁住房储架类REITs产品	保利租赁住房REITs
10	首个不依赖主体信用类REITs产品	泰勒集团REITs
11	首个底层资产可赎回REITs产品	皖新光大阅嘉REITs

(续表)

序号	领域	产品名称
12	首个物流地产储架类REITs产品	顺丰产业园REITs
13	首个长租公寓储架权益类REITs产品	旭辉领寓REITs
14	首个可扩募REITs产品	菜鸟网络REITs
15	海南省首个REITs产品	海南人才租赁住房REITs
16	首个地产基金储架式商业REITs产品	大融城REITs
17	首个基础设施REITs产品	广朔实业ABN

在各类REITs或者类REITs产品中,最有代表性的是越秀REITs,其于2005年在香港上市,是第一个投资中国内地物业的REITs,其操作模式是"地产＋基金"双平台互动和外部收购,分别对应着越秀地产和越秀房托。越秀REITs的运营模式本质上是一种以轻资产为核心的运营模式,2021年是其上市的第16年,越秀REITs这十余年间的操作,既有"蛇吞象"式的收购[羊城(广州)IFC],亦有"有进有出"的组合拳,从最开始专注于成熟项目,到目前深度挖掘内地的成长型物业。十余年间,越秀REITs总资产从45亿元增长至360亿元,复合年增长率达到14%。

目前,我国REITs的发展才刚刚起步,目前还存在多种障碍,主要包括以下三个方面。

第一,国内不动产投资信托基金的相关法律缺失。

从国际经验可知,不动产投资信托基金的发展离不开立法支持,但是目前国内尚未有针对REITs产品的专项立法,目前现有的法律体系(《中华人民共和国证券法》《中华人民共和国信托法》《中华人民共和国公司法》《中华人民共和国证券投资基金法》)均未对不动产投资信托基金的法律地位作出明确规定,相关专项立法的缺失是目前阻碍REITs发展的最大障碍。

第二,目前国内尚未出台针对REITs的明确税收优惠政策。

税收优惠是REITs的重要特点之一,目前我国的相关文件和政策相继出台,有望早日弥补在税收优惠上的空白,早日做到"税收中性"(孟明毅,2020)。

第三,国内基础资产收益率偏低,缺少优质的底层资产。

REITs对所持有的底层资产的要求较高,底层资产项目的稳定现金流和长期的增长空间是海外成熟市场得以发展壮大的原因。然而,目前我国的写字楼和商铺的租金收益率整体偏低,吸引力不足,这或将成为未来我国REITs发展中的一个阻碍。

万事开头难,我国的不动产投资信托基金已经摸索了十余载,相信随着政策和法律的不断完善,我国的不动产投资信托基金将大有可为。

3.1.4 房地产信托

房地产信托是指与房地产有关的信托活动,房地产财产信托和房地产资金信托均属于此定义的范畴,但狭义的房地产信托仅指房地产资金信托。信托的委托人将资金委托给信托公司,后者为了受益人的利益将资金投入房地产行业的行为被称为房地产资金信托。图 3-4 介绍了房地产资金信托业务的典型运作模式。

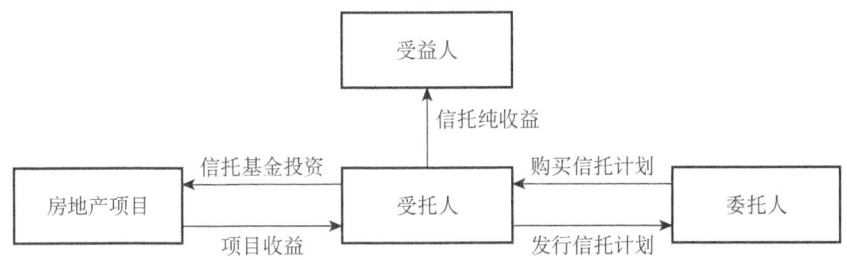

图 3-4 房地产资金信托业务的典型运作模式

房地产信托由来已久,早在 20 世纪末(1986 年),中国国际信托投资公司就已经成立了专门从事房地产信托业务的子公司,随后上海、太原、北京等各大城市也出现了一批从事房地产信托业务的公司,但是质量参差不齐,很多信托公司从事的业务与其设立的宗旨相悖,故之后国家对信托行业进行了五次大规模的整顿,并在 2001 年颁布了《中华人民共和国信托法》,随后一年,《信托投资公司管理办法》《信托投资公司资金信托管理暂行办法》也相继出台,完善了信托投资领域在法规方面的空白(孙翠兰,2005)。

房地产信托主要分为股权型房地产信托、债权型房地产信托、特定资产收益权信托等。相较于传统的一些融资模式,房地产信托融资具有较好的灵活性和不错的融物融资能力,并且与其他融资工具串联起来相对容易,这些都与房地产的行业特点比较契合,所以房地产信托一直是信托公司的重要业务,但目前的信托公司开展的房地产信托业务仅仅是房地产资金信托。此外,因为房地产公司的银行融资方式被法律有所限制,故尽管当下的房地产资金信托存在信托登记手续缺失、重复征收高昂税费等弊端,但房地产资金信托一直都是房地产公司重要的融资来源。图 3-5—图 3-7 所示为 2012—2017 年信托业务情况。

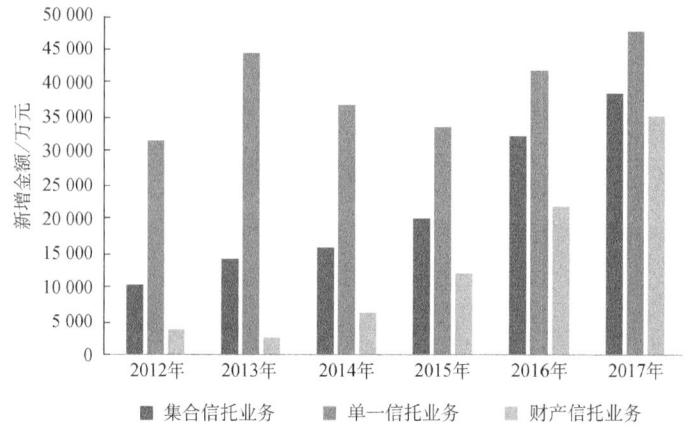

图 3-5　各类信托业务新增金额

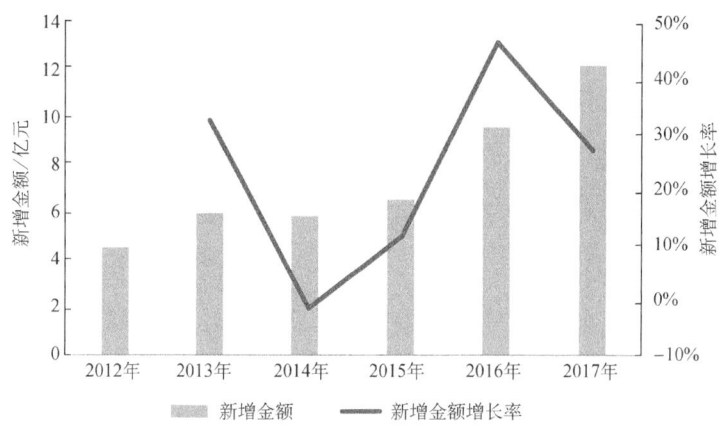

图 3-6　信托业务新增金额及增长率

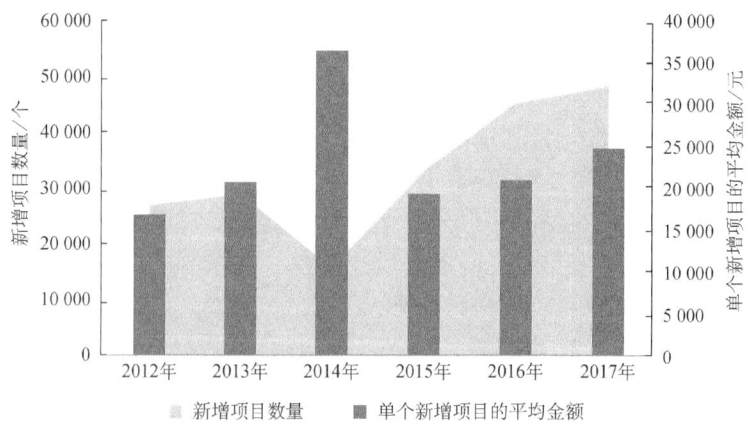

图 3-7　信托业务新增项目数量及单个新增项目的平均金额

尽管房地产信托行业在之前几年发展较快,但在其快速发展的过程中也暴露出一些问题。

第一,房地产信托产品受政策调控风险较大。

房地产信托产品受政策风险调控主要有以下两点:①我国的信托和资管市场目前发展并不完善,对于出现的新问题,政府往往都是通过临时出台规章条例的方式进行补救,这种政策的临时性和不连续性带来的风险使得房地产信托产品受到较大的政策调控风险;②房地产信托产品往往是为了房地产企业的开发融资,房地产企业的经营受政策调控的影响极大(如2020年针对国内房地产企业融资设置的"三条红线"新规),这也为房地产信托投资产品增加了部分政策风险。

第二,房地产信托产品投资门槛高、流动性较差。

《中华人民共和国信托法》中对合格投资者投资门槛(自然人投资门槛为100万元)的限定较为严格,加之信托投资产品并非标准化流通产品,每一份信托合同的标的金额都各不相同,这也增加了信托产品的流通难度。此外,在实际操作中,信托产品也没有像证券交易所那样的一个固定的交易场所,这一特点在某种程度上也增加了信托产品的流通难度。

第三,房地产信托产品的刚性兑付面临被打破的局势,未来对投资者要求会更高。

刚性兑付这一现象的存在,从某种程度上来说,扭曲了房地产信托投资产品的定价机制,亦扭曲了普通民众的投资观念,使得我国金融行业产生了更大的风险,所以从2017年底开始,中国人民银行开始倡导打破刚性兑付这一怪圈。2020年我国在打破刚性兑付的道路上颇有建树。2020年7月,法院宣判吉林信托77号信托计划案件的审理结果:全部应付本金及利息的91.18%转为该信托计划投资标的企业的股权(债转股),其余部分(所有本金及利息的8.82%)由该标的公司进行偿还,偿还方式为分期付款,到2027年还清。本案可以称得上是我国信托行业的首个真正违约,某种程度上标志着我国的刚性兑付现象正在被打破。在未来,随着我国资本市场的进一步完善,房地产信托行业不断发展,刚性兑付被打破已然是大势所趋,但是这也意味着以往普通民众跟风购买信托产品的日子将不复存在,这在某种程度上也提高了对信托投资者的要求。

第四,一些研究表明,房地产信托规模的扩大或将对我国房价有着正向作用。

鞠方等(2019)基于SVAR模型、脉冲响应和反事实模拟对我国2006—2017年的全国房价月度数据进行了研究,发现房地产信托的规模对银行间同业拆借率具有较强的正向作用,并且房地产信托规模的扩大还会减弱我国货币政策对房地产价格的调控作用,以及对区域房价产生正向影响(尤其是我国东部地区)。

在未来,有关部门应不断完善房地产信托相关的法律和部门规章,加强信息披露和公示制度的建立,以促进我国的信托公司脱虚向实,发现市场需求,提高管理人员的专业能力,尽快完成转型升级,更好地履行金融行业服务实体产业的宗旨。

3.2 房地产项目股权投资项目合作模式

3.2.1 商业地产的定义

商业地产是指作为商业用途的地产,故又名商铺地产,区别于以居住功能为主的住宅房地产、以工业生产功能为主的工业地产等。商业地产广义上通常指用作各种零售、批发、餐饮、娱乐、健身、休闲等经营用途的房地产形式,包括商场、购物中心、步行街和社区商业。从经营模式、功能和用途上区别于普通住宅、公寓、别墅等房地产形式。以办公为主要用途的地产,属于商业地产范畴,也可以单列。国外用得比较多的词是零售地产(Retail Property)。泛指用于零售业的地产形式是狭义的商业地产。商业地产与住宅地产的拿地方式有很大不同。住宅地产传统上以招标、拍卖、挂牌为主,竞争激烈,辅以股权并购、合作开发、小股操盘、司法拍卖等形式,在拿地方式上也较为灵活多样,但对资金测算和回笼有较高要求。商业地产的拿地方式选择面也不少,但传统上还是以勾地为主,万达、华润、新城、龙湖、宝龙、红星这些商业地产的前排梯队,都有规模庞大的投资拓展人员,在全国范围内分区域进行拓展,在选取意向地块后与政府进行意向谈判,然后由拓展研究部门进行前期的立项工作,成熟地块经中层初审之后可进行高层的可研工作。虽然住宅地产在流程上也会有相似之处,但每步操作都是形式类似而实质不同。商业地块的前期孵化时间要比住宅长得多,对财务的要求也更为苛刻。投资拓展人员要积极维护政府关系并对竞争者高度关注,勾地环节占了80%,与政府谈妥后会根据自己的实际情况进行挂牌条件的设置,很多竞争者不符合完整的挂牌条件,只能黯然退出。

P公司在江西南昌红谷滩中央商务区地块项目历时将近4年与当地各级政府和部门接触、沟通、配合,并得到了集团总部其他专业公司从金融、科技、城市配套建设等多方面的大力支持,才最终拿下该项目。之所以商业地产的拿地远没有住宅地产的拿地地王多、溢价高,就是因为勾地环节针对竞拍条件、参与人员、大致价格有原则上的框定,挂牌和摘牌是前期努力的后期成果,形式大于实质。

2020年2月20日,上海市徐汇区黄浦江南延伸段WS3单元xh130C、xh130D、xh130E、xh130F、xh130G街坊内xh130C-02等28个地块(以下简称"上海徐汇滨江地块")正式起拍,设定起拍价310.2亿元,香港置地最终以310.5亿元的天价成功拍得该地块,P公司也以联合体形式参与竞得此项目。该地块总面积为323 664.6 m^2,涵盖商办用地、餐饮旅馆业用地、文体用地、商品住宅、社会租赁住宅、广场用地等多个业态,是上海市核心区不可多得的整体开发地块。该地块是2017—2035年上海城市总体规划中承载全球城市核心功能的中央活动区域之一。出让条件极为苛刻:80%以上为商业办公及文化用地(其中,商业21万m^2,写字楼65万m^2,酒店5.5万m^2,文体用地4万m^2),住宅地块绝大部分为社会租赁住宅(15.65万m^2,不超过1 187套,只租不售),仅2.5万m^{2}为可售商品住宅,且商业部分、文化用地、租赁住宅100%自持,办公部分60%自持。310亿元的土地成本,加上开发成本,总投资或将超700亿元。由于项目大部分为自持,可售部分极少,大部分投入资金短期内无法通过销售回收,开发商也无法通过负债进行投资,只能使用自有资金,且需要长期沉淀大量资金,对开发商的资金实力要求非常高。项目持有物业包括商业、写字楼、酒店和租赁型公寓,对开发商的运营能力,包括整合引入全球优势金融资源、全球企业资源的能力,以及匹配这些全球化企业要求的服务能力,要求非常高。能符合以上规模和能力的开发商,已经所剩无几了,国内商业地产开发商鲜有能符合条件的。

3.2.2 商业地产的分类

根据土地用途性质,商业地产可以分为四类:零售地产(如购物中心)、办公地产(办公楼)、住宅开放空间地产(酒店和公寓)和综合体(以上几项的综合)。

购物中心是零售商业的一种形式,建筑体量大,是租赁店和各种商业结构的交易场所,2018年全国范围内开业的购物中心总数超过530家,营业总面积超过4 600万m^2,比2017年增加了近30家。

随着中国产业结构的逐步优化,第三产业成为国民经济的支柱,知识化、全球化、信息化的渗透,使产业集群效应越来越明显,于是,受原材料影响较小的第三产业对客户与信息集散地集中的要求越来越迫切,从而引发了写字楼的兴起。

在经济发达的大都市,企业对办公环境的要求越来越高,写字楼除了要交通便利之外,还要求行政配套完善、建筑设计优美、软硬件设施配套齐全、通信设备先进、内部基础设施人性化,且需要配备经验丰富的物业管理公司,也正是由于这些高标准的要求,使得优质的写字楼价格不菲,成为房地产类别中极具投资价值的项目。

写字楼的新供应主要来自新土地,而需求主要来自企业的发展,尤其是第三产业的发展。2019年,国内办公楼新开工面积大幅增长,较2018年增长7.11%,达到7 084万 m^2,办公楼市场供过于求的形势加剧。2019年,全国一线城市写字楼空置率整体攀升,达到近10年的最高点,目前平均在10%左右;二线城市写字楼平均空置率更严重,平均在28%左右。2019年第四季度,一线城市商圈写字楼的租金中,25%环比上涨,75%环比下跌;二线城市商圈写字楼的租金中,50%环比上涨,40.9%环比下跌,9.1%与上期持平。

  2020年在疫情影响下,写字楼市场进一步承压。一方面,受疫情的影响,国内外企业对置换、扩张办公物业较为审慎。而在严格的延期复工措施之下,中小型企业因经济活动受限而带来的短期财务流动性风险较大,对办公租赁市场造成一定影响,尤其影响联合办公空间的租赁。

  未来,租户和业主将着重塑造健康和智能的工作场所。能够应对突发公共事件的写字楼将受到租户的信任。智能楼宇管理、健康和安全管理将是提升写字楼市场竞争力的主要因素。

  近年来,我国房地产市场调控政策收紧,从住宅领域退出的资金,在持续高涨的通胀预期下急需新的投资出口,在其他投资领域风险难测的情况下,不动产领域的商业地产持续升温,进驻城市综合体的投资资金开始明显增加。

  城市综合体是集写字楼、购物中心、酒店、会展中心、文娱中心、公寓和住宅等于一体的大型公共商业设施,近几年正成为中国商业地产发展的主流商业模式。由于商业地产具有地产、商业和投资的多重属性,随着商业用地成本的上升,商业地产开发商越来越关注投资回收期。监管政策对商业地产发展的影响突出,促使商业地产开发投资规模大幅波动。从2016年9月底开始,许多城市相继出台了新的房地产调控政策,重新启动购房限制和贷款限制,强调坚持住房的居住属性。自2017年以来,全国近110个城市(县级以上)出台了270多项房地产调控政策。在土地拍卖方面,一些地方政府出台了"限价房、竞地价""限价房、竞房价""超限价房后竞自持面积""特色小城镇指标优先""工业用地与住宅用地捆绑"等土地出让条件;大力实施"同时租赁和购买",引进纯租赁住房用地,探索灵活的土地流转政策,在一定程度上增加了商业地产的土地供应。此外,从融资角度来看,政府严格控制房地产金融业务,加强房地产金融监管,抑制投资投机需求,房地产开发企业融资约束不断加强,融资压力不断上升。

  2019年全国300个城市共推出土地31 116宗,同比增加2%,推出土地面积129 816万 m^2,同比增加1%。其中,商办类用地5 050宗,同比增加7%,推出土地面积13 693万 m^2,同比增加3%,如图3-8所示。随着城镇化发展,城市拓展逐渐与资本整合,商业地产公司经营规模稳步壮大。2019年商业地产百强代表企业经营性物业持有面积均值为377.5万 m^2,较2018年增长19.4%,增速提高 1.7 个百分点,扩张速度小幅增长。

商业地产具有总价高、利润率及开发风险较高、投资回收期长等特点,信奉的是投资收益和金融理论,使其天然带有金融属性,其本质上是一种带收益属性的投资工具,开发商和投资者都在开发经营上探索新的模式,以期降低风险,合作共赢。

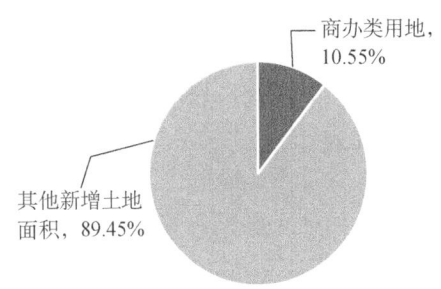

图 3-8　300 个城市新增土地中商办类用地占比

3.2.3　商业地产的开发运营模式

商业地产常见的开发运营模式有只售不租、只租不售、租售结合和联合运营四种。

只售不租模式是大多数地产公司的通行做法,适用于资金实力不够、融资渠道局限、急需套现的房企。其优点是相对省时省力,且能够实现资金的快速回笼和周转。缺点是一锤子买卖,无法享受后期增值的超额收益;各种商业业态后期的招商运营缺乏统一管理和规范,杂乱无章,容易沦为脏乱差的"菜市场"。

只租不售模式适用于资金实力雄厚、现金流宽裕、有志于将资金沉淀为资产并且长期经营获利的相对保守的房企。这种模式的优点是产权自有,可以进行抵押融资,且不需要配备专业团队,管理简单,成本较低,租金收益结算方便。缺点是收益率较低,一般只能达到 3%～5% 的投资回报率,成本回收周期较长,对房企的资金实力要求较高;即使后期物业升值,出售套现的难度也较大。

租售结合模式适用于资金雄厚且具备专业的商业运营和招商运营团队的房企。这种模式的优点是持有部分大体量优质的物业,能够进行抵押融资;通过部分自持物业自行招商运营,能够有效控制整体招商运营的质量,防止招商混乱或失败的风险,租金也有保证;相对来说也比较灵活机动,一旦部分招商失败,还有其他部分能够得到控制,可以重新招商运营。缺点是需要沉淀大量的资金,对房企的现金流要求很高;对项目的前期定位策划要求较高,需要房企设立相应的部门和组建专业的团队;对房企的招商能力要求较高,要有完善的商业资源库,对主力店的招租能力要求较高。

联合运营模式是商业地产开发商与其品牌运营商首先形成战略合作关系,并在明确了核心商圈业态的情况下,再对配套商圈等进行研究和规划,以实现科学的商业定位和业态选择。开发商项目可以依靠商业品牌效应提升整体效用,从而加强自身商业、物业对投资者及经营者的吸引力度。此运营模式要求开发商与相应商业经营方形成合作关系,采用订单式开发,根据商业零售需求,进行拿地和规划开发。

与住宅房地产相比,我国的商业地产起步较晚,大多数地方商业地产开发商都是从住宅开发商转型而来的。在行业发展之初,许多资本涌入商业地产行业的蓝海市场,许多工业企业也投资商业地产。现阶段国内较好的商业地产项目,基本都是港资企业的血统,项目在香港运营成功后在内地因地制宜地复制和修改。例如:香港 Elements 圆方商场(修建方是新鸿基,港铁参股并实际参与策划、设计、报批等工作),香港九龙仓时代广场,香港置地广场,香港希慎广场,香港金钟太古广场,香港新世界 K11;上海陆家嘴新鸿基 IFC,上海淮海路新鸿基 IAPM,上海南京西路恒隆广场,上海南京西路静安嘉里中心,上海新世界 K11;北京侨福芳草地,北京三里屯太古里,广州太古汇;深圳华润置地万象城;成都春熙路九龙仓 IFS,成都远洋太古里;南京德基广场;等等。可以发现,内地一线城市、强二线城市高端、成功的商业项目基本都是复制香港商业模式,虽然华润万象城、龙湖天街、红星美凯龙等品牌也在近几年有较为突出的表现,但与港资企业深厚的商业地产项目运营经验和先进理念相比,差距还是比较明显的。

商业地产项目的股权合作模式与住宅项目不同,住宅项目的股权合作各方目标都一致:大盘低地价分期慢慢开发,持续发展,利润导向;小盘短平快,快速回笼资金,盘活现金,再进入下一个项目的开发。而商业地产的投资逻辑就截然不同。商业地产分为销售物业和自持物业。销售物业的使命就是最大限度使资金回正并尽可能实现利润,其关注的最核心指标是利润率;自持物业的任务就是招商铺垫、开业、运营提升、退出,其关注的最核心指标是投资回报率,因为最后实现证券化的时候,投资回报率是基金公司最关注的指标,是实现资产证券化的前提,也是实现商业地产闭环的最后一步。所以,商业地产项目尤其是自持部分的运营模式和处置,是整个股权合作模式的核心。

以 P 公司在江西南昌红谷滩区九龙湖板块某商业和住宅综合体项目为例,简述其中的股权投资模式。

该项目位于红谷滩中央商务区,九龙湖核心区,一线赣江江景景观资源,周边教育、医疗配套成熟,交通便利,紧邻地铁,可迅速带动区域活力,增加写字楼及商业购物中心的价值,是南昌市城市重点发展方向,属于城市价值增长区。

该项目的竞买条件为:受让人须引入与之关联的1家银保监会批准经营的全国性保险公司的省级分支机构入驻,此条件让P公司较其他传统地产公司成为该项目更有竞争力的竞争者之一。为了防止出现开发商竞得地块后仅开发并销售住宅地块赚快钱而故意放缓甚至停止商业地块开发进度,打乱当地政府规划进程和经济发展,该地块还设置了以下极为严格的出让条件。

(1) 住宅和商业地块须同时竞得。

(2) 商业地块和住宅地块的开发进度严格绑定,只有商业地块取得施工证后,住宅地块才可以开始销售;商业购物中心达到±0.00时,住宅地块的销售面积不得超过50%;商业购物中心主体结构封顶时,住宅地块的销售面积不得超过80%;商业购物中心开业时,住宅地块的销售面积不得超过90%;超高层出±0.00达到100 m时,才允许住宅地块清盘。

(3) 规划条件要求建设不少于10万 m^2 的购物中心,不少于15万 m^2 且不低于375 m的超高层建筑,100%自持至少10年。

(4) 超高层内引入不少于25 000 m^2 的五星级酒店。

(5) 签订土地出让合同后6个月内合计引进不低于1亿美元(含等值离岸人民币或港币)用于本项目投资购物中心,写字楼在竣工备案后1年内须正式开业运营。

该项目概况如下:占地224 421 m^2,综合容积率3.42,计容建筑面积768 592 m^2。其中,商业地块占地52 373 m^2,容积率5.1,计容建筑面积267 101 m^2,规划办公计容面积129 626 m^2,酒店计容建筑面积37 000 m^2,商业计容面积90 000 m^2,地下商业计容面积10 475 m^2。住宅地块占地面积172 049 m^2,容积率2.91,计容建筑面积501 491 m^2。地下建筑面积242 079 m^2(其中,办公60 000 m^2,酒店6 000 m^2,持有商业47 412 m^2,住宅128 666 m^2)。

交易结构为P公司成立平台公司竞得该地块后,分别成立商办项目公司、住宅项目公司,商住合作方和住宅合作方以股权转让的方式进入摘牌公司。三方同股同权,两合作方获取的住宅地块利润需补贴一部分至P公司的超高层办公和酒店项目。住宅由合作方A操盘,商场由合作方B操盘,超高层办公、酒店由P公司操盘。P公司与合作方遵循"共同投资、共担风险、共享收益"的原则进行合作,按各方持股比例履行投资义务并享有标的项目开发权益。因超高层办公、酒店由P公司操盘,在超高层项目竣工(以取得竣工备案文件为准)后一定时间内,其他合作方必须将其持有的平台公司股权按照约定价格转让给P公司,从而使其通过持有平台公司相应股权比例享有超高层项目100%权益,合作方B通过持有平台公司相应股权比例享有商场项目100%权益。P公司在住宅地块销售达到95%之后,会出让其持有的住宅公司股权,完成退出。在公司管理上,商业地块、商业公司的日常经营管理由 P 公司主操盘,超高层办公和酒店相关项目由 P 公司负责开发建设及运营,商场项目由商住合作方 B 负责开发建设及运营。住宅合作方 A 负责住宅地块的设计、工程、招采、营销、物业条线事项,商住合作方 B 负责财务、成本条线事项。从项目的整体现金流测算来看,分为可售部分和持有部分。可售部分即住宅地块拿地后 3 个月开工,建设周期为 55 个月,销售周期为 47 个月,拿地后 1 年住宅开售,在开工半年后进入建安成本支付高峰期,销售 1 年后累计现金流开始回正,销售至货值 95% 以上时开始启动其他股东方退出工作。住宅地块开售时,商业、办公、酒店必须开工,商业建设周期为 24 个月,竣工半年后开始运营,办公、酒店开工至竣工共 5 年,竣工后半年开始运营,同时 P 公司与合作方 A 启动该部分的退出工作,由合作方 B 单独持有运营。办公、酒店竣工后由 P 公司回购合作方 A 和 B 在办公和酒店中的股权,由 P 公司独立运营 10 年后通过资产转让方式完成市场化退出。办公和酒店只有在 P 公司完成市场化退出后才会实现现金流的回正。P 公司持有办公和酒店的内部收益率均不超过 3%,获得住宅地块可售物业补贴后,P 公司参与该项目的整体内部收益率在 12% 左右。

港铁公司 MTR 作为世界上最赚钱的铁路公司之一,2019 年净利润 119.3 亿港元,平均每天大约赚 3 200 万港元。它的股权模式和经营模式也值得研究。港铁在 2000 年实现了私营化,即特区政府仍为单一大股东,但是公司的股票可在市场自由买卖,按照香港特区政府给予港铁的特别优惠,港铁可以无偿获得地铁站上方的土地所有权。所以港铁旗下有很多商场物业,包括最著名的九龙湾钢铁站的德福广场。在港铁沿线,也常建设有港铁旗下的私人屋苑,如德福花园(九龙湾站)、康怡花园(太古站)和银禧花园(火炭站),故港铁也被称为"半个地产商"。港铁模式最核心的一大优势就是开发权、建设权和运营权合一。世界上大多数地铁公司只靠地铁本身的运营作为投资回报,回收周期很长。港铁由于很大一部分收益来源于上盖物业和周边土地经营与开发,其投资回报期只需 5~10 年。而这种局面也得益于香港特区政府与港铁公司之间的紧密合作,能够将地铁上盖物业和周边土地以划拨的方式、相对低廉的价格交给港铁公司经营运作。"地铁+物业"的经营模式受益的主体可能是卖地的地方政府,也可能是开发商,而开发土地本身也是可以盈利的,因此,内地可能就没有一家市场化的公司愿意承担兴建地铁所需要的巨额成本。港铁模式能够成功,就在于地铁和物业都集中在港铁公司这样一家市场化的运作主体中,可以起到相互支撑的作用。

港铁模式对于内地大多数城市来说都具有很大的借鉴意义。对于运营主体来说,最主要的就是需要有区域规划的能力,具体来讲,就是地铁沿线物业、地铁上盖物业与地铁之间如何规划,需要在前期作为一个整体集中考虑,要能够起到上承政府、下接市场的资源整合作用,将长期的地铁运营和短期的土地增值结合起来。此外,对于物业的租赁和长期经营,在企业内部也需要进行平衡和综合考量,如何将长期的经营与短期的发展结合起来,也需要运营商妥善解决,并形成企业的一种能力。

以P公司与路劲基建、港铁在香港黄竹坑地铁站的上盖项目为例,简述其中的合作模式。该项目位于香港岛黄竹坑地铁站,为地铁上盖住宅项目,计容建筑面积53 600 m^2,含两栋高层和配套会所、康体中心、裙楼车库等物业类型。按照港铁的规划,地块所在整个地铁停车场区域从地面开始1~4层为集中式商业,与地铁实现无缝对接,本案所在的A段为其中一部分,从地铁停车场开始的1~2层为住宅停车库及配套,3层及以上为可售住宅部分。2017年,P公司与路劲基建联合成立项目公司,从港铁处竞得该地块A段。除支付土地款外,项目公司还需支付港铁溢价款54亿港元,以项目交付或销售额超过成本或2022年6月孰早为准。此外,在项目清算后,还需向港铁支付35%的分红,分红的计算方法为收入减可抵扣成本。港铁有权在项目总平面方案批复前,选择终止合作,仅需偿付开发商已支付款项,并按评估给定的价格进行补偿。P公司为财务投资人角色,不承担主要工作,路劲基建香港公司为主要操盘人。港铁介入项目的日常运营监管,项目需向港铁上报方案、预算;每月需向港铁汇报进度;发生的成本、费用需由港铁审批。由此种模式可以看出,港铁并不实际出资参与项目建设开发,但对项目进行监管,并参与最后分红。港铁的监督深度可以最大限度保证项目的开发与港铁的整体和长期规划保持一致,避免了地块出让后方案失控的情况发生,这也是港铁地铁+物业模式能够复制和发展的基础。

内地如果想复制港铁模式,承担运营主体的对象有以下三类:一是引进港铁公司来操作,地方政府给予相关扶植政策,但港铁与香港特区政府的利益诉求是一致的,移植到内地来之后,很难保证与当地政府在利益诉求上不出现分歧,从而影响这一模式的实施效率;二是寻找二级开发商来运营,但这些开发商对于地铁的运营欠缺专业度及操作经验,主观意愿也不强,有可能影响到城市基础设施的建设;三是比较现实的一种选择,由城市投资和一级土地开发的平台公司承担这样的职责,这类企业目前在承接政府意愿和规划诉求方面问题不大,但需要和市场进行更紧密的联系,尽快提升自己的专业能力,在这方面就需要多向港铁公司学习,甚至可以通过和港铁公司合作,努力提高自身统筹规划的能力并积累商业经验和资源。

4 房地产股权投资项目经营绩效评价模型

本章构建了一个房地产股权投资项目的经营绩效评价模型。该模型主要由经营绩效评价指标体系和数据分析方法两部分组成,如图4-1所示。

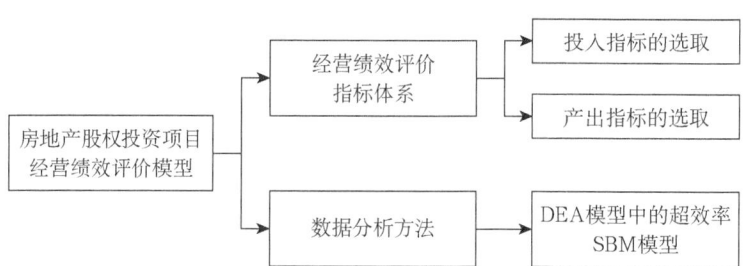

图 4-1 房地产股权投资项目经营绩效评价模型

4.1 经营绩效评价指标体系的构建

房地产企业开展经营活动包括各种与房地产投资有关的生产要素的投入与产出,一般主要从人、财、物等方面展开,而经营产出主要指的是经济利益层面。通过分析房地产公司股权投资的财务报表可以发现,常见的经营效率评价指标包括以下四个方面。

(1) 经营人力指标。主要有从业人员数量、技术人员数量、管理人员数量、技术人员数量占比、管理人员数量占比等。

(2) 经营财力指标。主要有前期工程费、主体建安工程费、基础设施工程费、配套设施工程费、财务费用、管理费用、销售费用等。

(3) 经营物力指标。主要有资产总额、设备价值总额、设备投资额等。

(4) 盈利能力指标。主要有营业收入、营业利润、总资产利润率、主营业务利润率、内部收益率、营业利润率、资产报酬率等。

4.1.1 指标选取原则

为了科学、合理、全面评价各个房地产股权投资项目的经营效率，在查阅国内外相关文献的基础上，本节总结了使用 DEA 方法确定投入、产出指标时需要遵循的五项原则。

1. 重要性原则

学者们从各个角度研究的房地产项目经营效率的投入、产出指标有很多，但针对特定的研究对象及研究目标，投入、产出指标的选取并非越多越好、越全越优。考虑到模型构建、数据获取及测算等因素，应该将最重要的指标先提炼出来，从而能真正满足研究目的，真正找到研究对象的本质，确保整个评价体系、过程和结果的科学性及代表性。

2. 合理性原则

房地产股权投资项目经营效率的评价结果在一定程度上受评价方法、指标选取是否科学、合理的影响。一般来说，优先选取专家、学者曾经研究、获得广泛认可并经过实践验证的指标，这些指标基于人、财、物等角度反映出企业的经营效率，且各指标之间满足合理性、独立性等关系。

3. 满足评价方法要求原则

在使用 DEA 方法时，要求各个决策单元的投入、产出指标数据必须完整，一旦缺少部分数据，那么该指标就无法使用；除了数据完整性要求以外，还要保证所有数据值为正数；投入指标之间或产出指标之间要避免很强的相关性，投入指标和产出指标之间需要有较强的相关性；等等。

4. 量化原则

在对各个决策单元的经营效率进行测算时，为了实现结果的客观性及准确性，需要避免由于人为主观判断而导致的误差项，应尽可能将评价指标量化；在评价指标量化过程中，需要确保评价指标在计算单位、时间及内容等方面的一致性。

5. 可获得性原则

在综合考虑上述原则的条件下，还要满足数据的可获得性和经济性等特点，即便有些指标更加科学合理，但如果相关数据无法获取，或者数据收集过程中存在非常不经济的因素，也可能导致无法进行效率测算。因此，选择评价指标最基本的原则之一就是样本数据的可获得性。

4.1.2 模型指标的选取方法、过程和结果

本章所构建的经营绩效评价模型中指标的选取采用德尔菲法，又称专家规定程序调查法。

在现实生活中，并不是所有问题都可以通过建模的方式解决，因为有些问题不易被量化或者很难建模，过分地强调使用运筹学等"硬系统方法论"进行定量分析或者建模反而会忽略问题的特殊性（许国志，2000）。与之相对的，德尔菲法属于"软系统方法论"，可以应用于非结构化的决策问题和模式，此类问题多为需要使用人的智慧进行评估的非线性化问题（刘伟涛等，2011）。

德尔菲法需要进行多轮反馈，最终实现各位专家达成共识，并且该反馈对于最终共识的达成具有重要影响（Maite Barrios等，2020）。德尔菲法在我国广泛应用于构建指标体系（袁勤俭等，2011；王少娜等，2016）。本书的房地产股权投资项目经营绩效评价指标体系亦是使用德尔菲法建立（图4-2）。

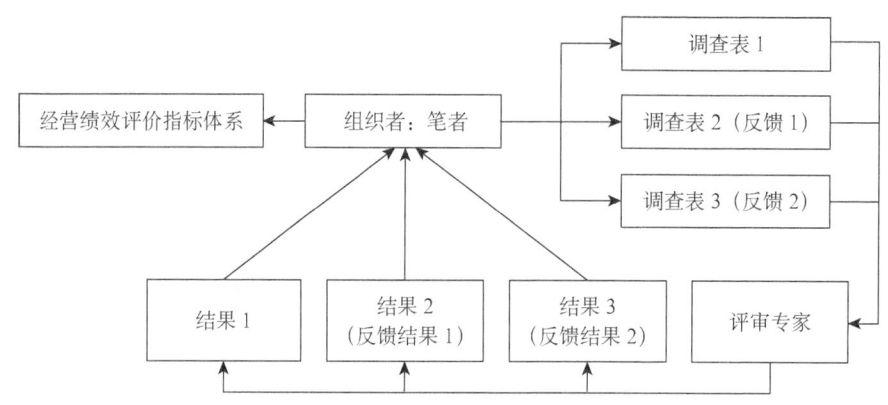

图4-2 经营绩效评价指标体系构建流程

如图4-2所示，在本次德尔菲法调查中，笔者联系了10名业内人士组成指标体系评审专家组，包括来自P公司的中级管理人员2名、业务熟练的职员3名，来自房地产股权投资项目公司的管理人员3名，来自高校的地产金融研究学者2名。参与德尔菲法调查的专业人士来自上海、苏州、杭州、重庆、天津共计5个城市。

笔者首先初步拟定房地产股权投资项目经营绩效评价指标体系，然后组织了三轮评审调查，两次匿名反馈，最终收集第三轮评审结果，从而构建了经营绩效评价指标体系。该指标体系包含投入指标6个，产出指标4个，如表4-1所示。

表4-1 经营效率投入、产出指标的选取及说明

指标类型	指标名称	指标说明
投入指标	可售比	反映房地产项目可售比例的大小
	前期和基础设施工程费	反映房地产项目前期投入的费用
	主体建安工程费	反映房地产项目主体的工程费用

(续表)

指标类型	指标名称	指标说明
投入指标	配套设施工程费	反映房地产项目配套的工程费用
	财务费用	反映房地产项目筹集资金的费用
	管理和销售费用	反映房地产项目组织、管理和销售的费用
产出指标	内部收益率	反映房地产项目管理、资本运营的效率和效益值
	利润率	反映房地产项目的盈利水平
	整盘销售收入	反映房地产项目的收入水平
	利润额	反映房地产项目税前经营活动的总成果

4.1.3 投入指标

1. 各项投入指标的含义

（1）土地款，包含获取国有土地使用权支付给政府部门的土地出让金及土地交易相关税费等。对于住宅等项目，采用招标、拍卖、挂牌等方式，通过市场得到的定价，就是土地出让金。土地交易相关税费包括土地使用税、交易服务费、地票及地票服务费、契税与印花税。此外，土地款中通常还包括一笔城市基础设施配套费，是指按城市总体规划的要求，为筹集城市市政公用基础设施建设资金所收取的费用，按建设项目的建筑面积征收，专项用于城市基础设施和城市公用设施建设，包括城市道路、桥梁、公共交通、供电、供水、燃气、污水处理、集中供热、园林、绿化、路灯、环境卫生等设施的建设。该笔费用的收费标准在各城市间差异较大，如上海市的征收标准为住宅建筑面积×550元/m^2，重庆为总建筑面积×290元/m^2，成都为总建筑面积×220元/m^2，昆明为地上建筑面积×160元/m^2、地下建筑面积×80元/m^2。因为各地征收标准差异较大，且并不能反映实际的项目建设成本管理水平，故在本书的成本管理研究中，将城市基础设施配套费计入土地款中，不计入建安成本。

（2）前期工程费，包含地质勘察费、设计费、"三通一平"工程费、报批报建费、造价咨询费、监理费等。前期工程费占比不大，但勘察设计决定了整个项目建安成本的80%，所以此阶段成本控制的关键是比选出合理经济的设计方案。

（3）主体建安工程费，是指项目主体工程的建筑和安装工程费，如高层、洋房、别墅等地上主体结构、建筑、装饰、安装和地下室的建安部分。对于一个有固定容积率和其他出让限制要求的地块，不同的操盘方、不同的项目团队会做出完全不同的项目。产品业态组合的差异、建造标准和档次定位的差异、地下室排布的差异、施工组织措施的差异甚至开发时间的差异等,都会导致项目最终的结果大相径庭。这一部分是项目整个建安成本占比最大的部分,也是操盘方自身成本管理水平最集中的体现,是成本管理和控制的重点所在。

(4) 基础设施费,是指项目基础设施的建安工程费,包含两部分:一部分是红线内市政工程费(红线外市政工程费一般通过缴纳大市政配套费的方式由市政单位施工,故此处仅包含红线内市政工程费以及一小部分需由开发商自行接驳的红线外费用),如红线内给排水管网、供电、燃气管网、集中采暖、通信配套、有线电视、弱电工程、小区车行道路等工程费;另一部分是小区园林环境、绿化、水景等工程费。

(5) 配套设施工程费,是指根据城市建设规划或开发项目建设规划的要求,为满足居住的需要而与开发项目配套建设的各种服务性设施所产生的费用。配套设施包括社区服务中心、物业管理中心、设备用房(如水泵房、开闭所、热力站、通信设备间等)、公共厕所、幼儿园、学校、菜市场、公交车站、保障房等。配套设施的规模一般按千人指标规定的比例配置,一般项目规模越大,配套面积越多,且一般配套设施都要求建在地上,会占用计容面积,导致可售面积减少。

(6) 不可预见费,又称预备费,是指考虑在整个建设期内可能发生的目前不可预见的风险导致的建设费用增加,一般分为基本预备费和涨价预备费两种类型。基本预备费一般指因为规划变更、方案变更、设计变更等导致的费用增加,以及发生不可抗力如地震、台风等自然灾害或政府行为或罢工、骚乱等社会异常事件造成的费用增加,但此部分风险也可通过风险规避或转移等方法来应对,并不一定会带来费用增加。涨价预备费顾名思义就是因为生产要素涨价带来的费用增加。对于房地产工程来说,建设规模在 10 万 m^2 以下的,建设期约为 2 年,建设规模在 10 万~20 万 m^2 之间的,建设期约为 3 年,建设规模越大,建设周期越长。在这期间,材料、人工、设备、施工机械等价格上涨,以及费率、利率、汇率等变化,都会引起项目成本增加。在实际操作过程中,一般开发商会预留总建安成本的 2%~5%作为不可预见费。

(7) 管理费用,包括但不限于项目管理人员工资及社保等员工成本、会议费、通信费、保险费、折旧摊销、咨询服务费、差旅费、日常办公及行政费用、接待费用、培训费用、办公场所租金及水电费用、前期物业管理费、开发间接费等。在实际操作过程中,一般开发商会预留总销售收入的 1%~2%作为管理费用。此处国企和民企也有差异,一般民企在管理费用方面会有结余,而国企的各项管理费用支出则较多。

(8) 销售费用,包括但不限于项目销售人员工资及社保等员工成本、广告费、营销活动及策划费、卖场营造费(如售楼处、样板房建造、软硬装费用)、销售代理及提成费、市场调研费、营销顾问费等。在实际操作过程中,一般开发商会预留总销售收入的1%~2%作为销售费用。销售费用会因各开发商的风格不同以及项目定位不同而大相径庭,国企央企一般偏稳重保守,销售费用较平稳,而某些民企则相对激进,在快周转的要求下,会采用大量的销售代理公司快速向市场铺货,当然销售费用会高一些。

(9) 财务费用,是指为了项目筹措资金而产生的费用,如贷款利息等。但如果项目全部用自有资金和销售回款来维持运营,没有贷款,则不会发生财务费用。所以财务费用是视资金结构、使用期限、利率等具体情况而定,并无固定比例。资本市场一直是能锦上添花但不能雪中送炭的行业,实力强、信誉高、经营情况良好的大企业一般能轻松获得借款,而小企业却要花较大的代价才能借到款,财务费用自然是高出不少,这也是影响项目利润的关键因素之一。

使用德尔菲法,本书最终选取的投入指标有:可售比、前期工程费和基础设施工程费(合并)、主体建安工程费、配套设施工程费、财务费用、管理费用和销售费用(合并)。

2. 模型中投入指标的具体内涵

(1) 可售比:可售比=可售面积/总建筑面积,其中总建筑面积指的是在建设用地范围内,单栋或多栋建筑物地面以上及地面以下各层建筑面积的总和。总建筑面积包括可售面积和非可售面积。可售面积指的是取得"商品房预售许可证"后可以进行预售和销售的商品房面积,是经过批准预售的面积,包括已经预售和正在预售的商品房面积。可售面积一般比总建筑面积小。非可售面积一般包括非人防地下室面积、人防地下室面积、配套面积、架空层、烟道、灰空间、赠送面积等部分。对于开发商而言,可售比越大越好。

(2) 前期和基础设施工程费:此处将前期工程费和基础设施工程费做了合并。

(3) 主体建安工程费:直接用于建安工程建设的总成本,主要包括建筑工程费(建筑、特殊装修工程费)、设备及安装工程费(给排水、电气照明、电梯、空调、燃气管道、消防、防雷、弱电等设备及安装工程费)以及室内装修工程费等。主体建安工程费在实际项目中会根据不同的产品业态分别测算,此处为方便数据分析,没有区分产品业态。

(4) 配套设施工程费:不能有偿转让的开发小区内公共配套设施发生的支出。

(5) 财务费用:房地产企业为筹集生产经营所需资金等而发生的费用,包括利息支出(减利息收入)、汇兑损失(减汇兑收益)以及相关的手续费等。本书中的财务费用仅指外部融资费用,不包含股东借款利息。

(6) 管理和销售费用:此处将管理费用和销售费用做了合并,因为在P公司的实际操作中,与操盘方签订的股权合作协议中,视项目规模不同,一般将这两笔费用按照销售额的3.5%~4.5%包干。

4.1.4 产出指标

本书模型中选取的产出指标有内部收益率、利润率、整盘销售收入和利润额,其具体内涵如下。

(1) 内部收益率(Internal Rato of Return,IRR):当方案净现值为零时的折现率,可理解为单位投入资本在一定时期内,每年实际可从项目中获得的净收益或增值收益。该指标能够较为综合地反映项目管理、资本运营的效率和效益值,涉及项目的资金计划,是房地产企业对项目运营监控的核心指标。

(2) 利润率:利润总额与销售收入的比值乘以百分之百,它与利润总额成正比关系,与销售收入成反比关系。企业在增加销售收入额的同时,必须相应地获得更多的利润额,才能使销售净利率保持不变或有所提高,体现企业的盈利水平。

(3) 整盘销售收入:房地产整个项目或整个楼盘的全部销售收入之和。

(4) 利润额:一家房地产企业在一定时期内(一般为一年)的营业收入扣除成本及增值税后的剩余,也就是一般意义上的盈利。利润额是所得税前房地产企业在一定时期内经营活动的总成果。

4.2 数据分析模型的选取

4.2.1 DEA 模型和超效率 DEA 模型

DEA 方法源自 Charnes、Cooper、Rhodes(1978)在《欧洲运筹学杂志》上发表的论文 *Measuring the Efficiency of Decision Making Units*,在往后的 DEA 文献中,以三人姓氏的首字母为他们创建的第一个 DEA 模型命名,即 CCR 模型。DEA 方法具有无需事先确定函数关系、非主观赋权及可分析决策单元(Decision Making Units,DMU)无效因素的优点,很快就成为评价相对效率的主流技术工具。

DEA 方法利用 DMU 的投入和产出变量,借助数学规划方法测算出有效单元构成的生产前沿面,然后衡量各个 DMU 与生产前沿面的偏离程度,从而估算各 DMU 间的相对效率值(Coelli 等,1998)。CCR 模型假定生产技术的规模收益不变,因此 CCR 模型测算出的技术效率中不含有规模效率(成刚,2015)。1984 年,Banker、Charnes、Cooper 针对规模效率改进了 DEA 模型,以三人姓氏的首字母为他们创建的 DEA 模型命名,即 BCC 模型。

DEA 模型可分为投入导向型和产出导向型两种。投入导向型指的是在不改变产出数量的条件下,如何实现投入的最小化;产出导向型指的是在不改变投入要素的条件下,如何实现产出的最大化。本书选择投入导向型的DEA模型来测度房地产项目的经营效率。

设有n个DMU,各DMU均有m种输入和s种输出,针对特定的DMU,投入导向型的CCR模型如下(魏权龄,2004,2012):

$$\begin{cases} \max \dfrac{\boldsymbol{u}^{\mathrm{T}} \boldsymbol{y}_0}{\boldsymbol{v}^{\mathrm{T}} \boldsymbol{x}_0} \\ \text{s.t.} \quad \dfrac{\boldsymbol{u}^{\mathrm{T}} y_j}{\boldsymbol{v}^{\mathrm{T}} x_j} \leqslant 1, j=1,2,\cdots,n \\ \boldsymbol{u} > 0, \boldsymbol{v} > 0 \end{cases} \quad (4\text{-}1)$$

式中,$\boldsymbol{x}$和$\boldsymbol{y}$分别为决策单元的投入和产出向量;$\boldsymbol{u}^{\mathrm{T}}$,$\boldsymbol{v}^{\mathrm{T}}$为权重变量。通过Charnes-Cooper变换,可得具有非阿基米德无穷小ε的CCR模型:

$$\begin{cases} \max \boldsymbol{\mu}^{\mathrm{T}} \boldsymbol{y}_0 \\ \text{s.t.} \quad \boldsymbol{\omega}^{\mathrm{T}} x_j - \boldsymbol{\mu}^{\mathrm{T}} y_j \geqslant 0 \\ \boldsymbol{\omega}^{\mathrm{T}} \boldsymbol{x}_0 = 1 \\ \boldsymbol{\omega} \geqslant \varepsilon \boldsymbol{e} \\ \boldsymbol{\mu} \geqslant \varepsilon \boldsymbol{e} \end{cases} \quad (4\text{-}2)$$

投入导向型的BCC模型如下:

$$\begin{cases} \max(\boldsymbol{\mu}^{\mathrm{T}} \boldsymbol{y}_0 - \boldsymbol{\mu}^0) \\ \text{s.t.} \quad \boldsymbol{\omega}^{\mathrm{T}} x_j - \boldsymbol{\mu}^{\mathrm{T}} y_j + \boldsymbol{\mu}_0 \geqslant 0 \\ \boldsymbol{\omega}^{\mathrm{T}} \boldsymbol{x}_0 = 1 \\ \boldsymbol{\omega} \geqslant 0, \boldsymbol{\mu} \geqslant 0, j=1,2,\cdots,n \end{cases} \quad (4\text{-}3)$$

通过Charnes-Cooper变换,可得具有非阿基米德无穷小ε的BCC模型:

$$\begin{cases} \min[\theta - \varepsilon(\boldsymbol{e}^{\mathrm{T}} \boldsymbol{s}^- + \hat{\boldsymbol{e}}^{\mathrm{T}} \boldsymbol{s}^+)] \\ \text{s.t.} \quad \sum_{j=1}^{n} x_j \lambda_j + \boldsymbol{s}^- = \theta \boldsymbol{x}_0 \\ \sum_{j=1}^{n} y_j \lambda_j - \boldsymbol{s}^+ = \boldsymbol{y}_0 \\ \sum_{j=1}^{n} \lambda_j = 1 \\ \lambda_j \geqslant 0, j=1,2,\cdots,n \\ \boldsymbol{s}^+ \geqslant 0, \boldsymbol{s}^- \geqslant 0 \end{cases} \quad (4\text{-}4)$$

在传统 DEA 模型分析结果中,可能会出现多个 DMU 被评价为有效的情况。如果多个 DMU 的效率均为 1,则这些有效 DMU 无法进一步区分。为此,Andersen 和 Petersen(1993)提出对有效 DMU 进一步区分的方法,被称为"超效率"模型。以投入导向型的 BCC 模型为例,超效率 DEA 模型就是在 CCR 模型的基础上增加约束 $\sum_{j=1,j\neq k}^{n}\lambda_{j}=1$,具体模型不在此赘述。

4.2.2 SBM 模型和超效率 SBM 模型

传统 DEA 模型如 CCR 模型、BCC 模型等多是径向的或角度的,在这样的前提下,无法充分考虑投入或产出的松弛性问题。Tone(2001)在此基础上提出一种基于松弛变量(Slacks-Based Measure,SBM)的评价决策单元相对效率的方法。与传统的 DEA 模型不同,SBM 模型直接将松弛变量引入目标函数中,使得 SBM 模型的经济解释不单是实现收益最大化,并且是获得实际利润的最大化(Cooper 等,2006)。

设有 n 个 DMU,每个 DMU 均包含投入 m、期望产出 r_1 和非期望产出 r_2。向量形式分别表示为 $\boldsymbol{x}\in R^m$,$\boldsymbol{y}^d\in R^{r_1}$,$\boldsymbol{y}^u\in R^{r_2}$。定义矩阵 $\boldsymbol{X}=[x_1,\cdots,x_n]\in R^{m\times n}$,$\boldsymbol{Y}^d=[y_1^d,\cdots,y_n^d]\in R^{r_1\times n}$,$\boldsymbol{Y}^u=[y_1^u,\cdots,y_n^u]\in R^{r_2\times n}$。SBM 模型表示如下(任阳军等,2017,2018):

$$\begin{cases} \min \rho = \dfrac{1-\dfrac{1}{m}\sum_{i=1}^{m}(w_i^-/x_{ik})}{1+\dfrac{1}{r_1+r_2}\left(\sum_{s=1}^{r_1}w_s^d/y_{sk}^d+\sum_{q=1}^{r_2}w_q^u/y_{qk}^u\right)} \\ \text{s.t.} \quad x_{ik}=\sum_{j=1}^{n}x_{ij}\lambda_j+w_i^- \\ \quad y_{sk}^d=\sum_{j=1}^{n}y_{sj}^d\lambda_j-w_s^d \\ \quad y_{qk}^u=\sum_{j=1}^{n}y_{qj}^u\lambda_j+w_q^u \\ \quad \lambda_j\geqslant 0,\ j=1,2,\cdots,n \\ \quad w_i^-\geqslant 0,\ i=1,2,\cdots,m \\ \quad w_s^d\geqslant 0,\ s=1,2,\cdots,r_1 \\ \quad w_q^u\geqslant 0,\ q=1,2,\cdots,r_2 \end{cases} \quad (4-5)$$

式中，ρ 为被考察的决策单元的效率值。当且仅当 $\rho=1$，即 $w^-=0$，$w^d=0$，$w^u=0$ 时，DMU 为 DEA 有效；当 $\rho<1$ 时，说明 DMU 是 DEA 无效。如果设定决策单元效率有效，则超效率 SBM 模型可表示如下：

$$\begin{cases} \min\theta = \dfrac{\dfrac{1}{m}\sum\limits_{i=1}^{m}(\bar{x}/x_{ik})}{1+\dfrac{1}{r_1+r_2}\left(\sum\limits_{s=1}^{r_1}\overline{y^d}/y_{sk}^d + \sum\limits_{q=1}^{r_2}\overline{y^u}/y_{qk}^u\right)} \\ \text{s.t.} \quad \bar{x} \geqslant \sum\limits_{j=1,j\neq k}^{n} x_{ij}\lambda_j \\ \overline{y^d} \leqslant \sum\limits_{j=1,j\neq k}^{n} y_{sj}^d \lambda_j \\ \overline{y^u} \geqslant \sum\limits_{j=1,j\neq k}^{n} y_{qj}^u \lambda_j \\ \lambda_j > 0, j=1,2,\cdots,n, j\neq 0 \\ \bar{x} \geqslant w_i^-, i=1,2,\cdots,m \\ \overline{y^d} \leqslant w_k^d, s=1,2,\cdots,r_1 \\ \overline{y^u} \geqslant w_q^u, q=1,2,\cdots,r_2 \end{cases} \quad (4-6)$$

本书主要采用超效率 SBM 模型对房地产股权投资项目经营效率进行测算、分析。

5 股权投资项目经营绩效实证分析

5.1 样本选取及数据来源

本章主要考察 P 公司股权投资项目的经营绩效,从而提出有建设性的经营管理建议,故选择的研究样本来自 P 公司的各个股权投资项目,剔除部分指标数据缺失的样本,最终选择 26 个股权投资项目作为本书的研究对象(表 6-1)。这 26 个项目均为 2017 年和 2018 年投资摘地,没有将 2015 年和 2016 年全国房价上涨、土地拍卖价格屡创新高阶段的项目纳入评价体系,这 26 个项目的操盘方均为全国前 50 强的品牌房地产公司,且大部分为全国性的集团公司,非地方地域特性较强的小规模房企,较能代表目前国内房地产行业规模最大、管理水平最先进、操盘经验最熟练、产品条线最丰富的水平。这 26 个项目分布于全国一、二线城市,既有北京、上海等超一线城市,也有苏州、杭州等准一线城市以及武汉、成都、重庆等近几年较热门的城市。整个样本涵盖了多家国内一流开发商品牌、国内多个梯度城市、多种产品业态组合、多种产品档次,整理这 26 个股权投资项目的投入和产出数据,开展实证研究。

表 5-1 26 个股权投资项目基本信息

编号	股权投资项目名称	开发商性质
1	重庆 ZMS	民企
2	重庆 JQH	民企
3	天津西青区 YWZ	民企
4	大连 TJ	民企
5	北京房山区 ZKD	民企
6	天津滨海新区 THL	国企
7	福州晋安区新店片区 YZ	国企
8	苏州姑苏区北环路	民企

(续表)

编号	股权投资项目名称	开发商性质
9	天津新港 CC	国企
10	上海奉贤区南桥新城 JBL	民企
11	桐乡高桥街道 YRL34	民企
12	北京 WLT	民企
13	成都双流 TF	民企
14	福州晋安区泉头地块	民企
15	杭州萧山区 YQ	民企
16	苏州吴中区 DWNL	民企
17	昆明五华区 BJC	国企
18	杭州江干区 JQ	民企
19	杭州萧山区 SS4	民企
20	天津北辰 LY188	国企
21	杭州下沙大学城	民企
22	南通 27	民企
23	武汉 BSZ	民企
24	苏州相城区 KYL	民企
25	苏州高新区 LHF	民企
26	重庆万科 ZYGY	民企

1. 重庆市 ZMS 项目(图 5-1)

重庆市 ZMS 项目位于重庆市两江新区核心区,是该板块最后一宗出让土地,该板块在当时也是重庆房地产最热点开发区,辐射全市,需求旺盛,周边楼盘去化较快。该地块 2016 年 5 月挂牌,占地面积 284 625 m^2,容积率 1.49,与照母山森林公园无缝对接,生态环境较好,项目场地内地势起伏,总建筑面积 613 807 m^2,其中,地上建筑面积 422 663 m^2,地下建筑面积 191 144 m^2,是区域内品质最高、价格最高、销售情况最好的楼盘之一,由全国前十的房企和当地龙头房企打造。操盘方在当地深耕 20 多年,累计开发 40 多个项目,经验丰富,品牌认可度高,主要产品业态为联排别墅、独栋别墅、叠拼别墅、洋房和少量高层等,独栋别墅销售均价 36 000 元/m^2,叠拼别墅 19 500 元/m^2,在当时均属于重庆售价最高的项目。

(a) 航拍图

(b) 效果图

图 5-1　重庆市 ZMS 项目

2. 重庆市 JQH 项目(图 5-2)

重庆市 JQH 项目位于重庆市两江新区礼嘉-大竹林板块,邻近三大公园,与轻轨站无缝衔接,交通便利,也属于热点开发区域,于 2016 年 6 月底挂牌,占地面积 292 569 m^2,容积率 2.0,总建筑面积约 87 万 m^2,其中,地上建筑面积 584 582 m^2,地下建筑面积 287 415 m^2。与 ZMS 项目区位接近、定位类似、操盘方相同,主要产品业态为联排别墅、叠拼别墅、洋房、小高层等。联排别墅销售均价 20 000 元/m^2,地下室层高 6 m,全采光,可隔层,预留大尺度电梯井,全套房设计。操盘方在产品设计上结合先进居家理念和现场高低落差,用心做出了宜室宜家的好产品,后来市场也证明了这个项目的成功。

(a) 航拍图

(b) 效果图

图 5-2　重庆市 JQH 项目

3. 天津市西青区 YWZ 项目(图 5-3)

天津市西青区 YWZ 项目占地面积 167 723 m^2,容积率 1.96,位于天津市西青区赛达大道以东,西青区位于天津市区西南部,与天津市中心城区海河区、南开区、红桥区毗邻,是城市化进程最早也最为成熟的近郊区域,科教资源丰富,高新技术产业和现代制造业也较为发达。该地块为纯地铁上盖物业,交通便利,主要产品业态为叠拼别墅和精装修高层住宅的大规模居住社区,总建筑面积 429 684 m^2,其中,地上建筑面积 320 349 m^2,地下建筑面积 109 335 m^2,由全国前十的房企打造。该地块出让时间为 2016 年 10 月,当时正是全国房价上涨时期,投资端对天津的预期也空前乐观高涨,以 22 628 元/m^2 的高价拿下该地块,计划高层销售均价 41 000 元/m^2,洋房销售均价 47 000 元/m^2,别墅销售均价 61 000 元/m^2,预计开工后 4 个月即开盘,历时两年半清盘。然而事实却是此后该地块周边出让了更低价的地块,又逢天津市场遇冷,本项目拖延至 2018 年初开盘,高层住宅价格由 28 000 元/m^2 一路降价至 21 000 元/m^2 且销售进度迟缓,洋房价格由开盘价格 34 000 元/m^2 一路降价至 23 000 元/m^2。别墅产品更是迟迟没有推售上市。市场的骤变让高价拿的地完全没有转圜的余地,此项目虽还未结束,但已在各股东方内部计提了减值损失,造成了巨大的亏损。

(a) 航拍图

(b) 效果图

图 5-3 天津市西青区 YWZ 项目

4. 大连市 TJ 项目(图 5-4)

大连市 TJ 项目于 2015 年 1 月摘地,占地面积 131 363 m^2,容积率 1.82,位于大连市甘井子区,主要产品业态为高层、小高层、洋房和商业配套,总建筑面积 429 584 m^2,其中,地上建筑面积 320 249 m^2,地下建筑面积 109 335 m^2,折合楼面价 2 673 元/m^2。实际入市阶段实现了销售预期,经过成本优化后,项目利润率超过预期,且销售速度也较预期有所提升,项目内部收益率较高。

(a) 航拍图

(b) 效果图

图 5-4 大连市 TJ 项目

5. 北京市房山区 ZKD 项目(图 5-5)

北京市房山区 ZKD 项目位于北京市西六环外房山区,邻近燕山山脉和周口店北京人遗址,占地面积 89 117 m^2,容积率 1.5,于 2017 年 7 月挂牌出让,土地拍卖条件为到达地价拍卖上限后竞自持,最终本地块自持比例高达 40%,建筑限高 18 m,建筑密度不低于 30%,绿化率不低于 30%,最终成交价折合楼板价 13 943 m²,整盘销售均价不得超过 22 434 元/m²,最高单价不得超过 23 556 元/m²,是一块限制条件颇多的地块。经过多轮方案比选,最终确定的主要产品业态为叠拼别墅和洋房以及洋房上跃、下跃,采取自持性质住房与商品房捆绑销售的策略。由深耕北京 20 多年的全国前十的房企操盘。该项目周边原计划 2021 年开通的地铁因为客流量不够而延后,再加上新冠疫情、市场变化以及竞品的多重冲击,从 2019 年下半年即开始滞销,即使采取了降价措施,也无法拉动销量。拿地时竞拍的自持产品更是无人问津。该项目亏损达到亿元级别。

图 5-5　北京市房山区 ZKD 项目效果图

6. 天津市滨海新区 THL 项目(图 5-6)

天津市滨海新区 THL 项目占地 37 290 m²,容积率 1.87,总建筑面积 101 301 m²,其中,地上建筑面积 69 630 m²,地下建筑面积 31 671 m²。该地块于 2017 年 7 月获取,是滨海新区三年来出让的第一块住宅用地,市场普遍预期较乐观,地价 28 142 元/m²,高于周边在售房源售价。该项目由老牌国企、全国前十的房企操盘。经多轮调研和测算,按叠拼别墅和小高层的组合方案执行。与天津西青区 YWZ 项目情况类似,销售情况不甚理想,高层计划售价 49 000 元/m²,实际售价 24 000 元/m²,洋房由计划售价 60 000 元/m² 下降至 40 000 元/m²,投资测算的投资周期为 2.25 年,但实际可能延长至 5.25 年,销售周期显著拉长,工程进展缓慢。销售进度缓慢,每月销售收入艰难覆盖项目运营资金,股东方面临继续投钱的境地。

图 5-6　天津市滨海新区 THL 项目效果图

7. 福州市晋安区新店片区 YZ 项目(图 5-7)

福州市晋安区新店片区 YZ 项目位于福州市新店片区棚户区改造地块,占地 55 489 m^2,容积率 2.5,总建筑面积 184 279 m^2,其中,地上建筑面积 138 723 m^2,地下建筑面积 45 556 m^2,于 2017 年 7 月摘地,折合楼面价 12 738 元/m^2,除可售产品外还需配建回迁房、商业等,由当地城乡建设发展总公司回购。本项目主要可售产品为小高层复式和别墅,预期售价在 39 700～41 100 元/m^2。但项目入市时,福州实行限价制度,且后期拍卖了较多低价地块,导致市场混乱,最终价格大幅低于预期且进度较慢,项目层面处于盈亏平衡点。

图 5-7　福州市晋安区新店片区 YZ 项目航拍图

8. 苏州市姑苏区北环路项目(图 5-8)

苏州市姑苏区北环路项目占地 19 573 m²,容积率 1.05,是容积率较低的高档低密度纯住宅项目,总建筑面积 37 203 m²,其中,地上建筑面积 20 509 m²,地下建筑面积 16 694 m²,于 2017 年 6 月摘地,折合楼面价 28 255 元/m²,主要产品业态为中式合院和叠拼别墅,定位为改善型住房,并配备了高档会所,是一个小而精致的项目。项目初期定位中式合院整盘均价 64 243 元/m²,叠拼别墅 51 272 元/m²,实际因政府限价,中式合院实现均价约 48 000 元/m²,叠拼别墅 40 000 元/m²,且销售进度较慢,最终项目层面亏损。

(a) 航拍图

(b) 效果图

图 5-8 苏州市姑苏区北环路项目

9. 天津市新港 CC 项目(图 5-9)

天津市新港 CC 项目位于天津北辰区与滨海新区交界处,属于天津市内六区之外的老工业区,于 2017 年 8 月摘地。地块占地面积 35 188 m^2,容积率 2,总建筑面积 104 734 m^2,其中,地上建筑面积 70 375 m^2,地下建筑面积 34 359 m^2,折合楼面价 15 544 元/m^2。主要产品业态为高层和洋房,原定室内全部精装修,后因市场售价原因,取消精装修,改为清水,销售情况仍不理想,高层产品仅以 12 000 元/m^2 的价格水平出售,每卖一套即亏损一套,小洋房也仅能以地价水平出售,注定又是一个亏损的项目。此项目情况与天津滨海新区 THL 项目雷同,且为同一操盘方。

图 5-9 天津市新港 CC 项目效果图

10. 上海市奉贤区南桥新城 JBL 项目(图 5-10)

上海市奉贤区南桥新城 JBL 项目占地面积 92 012 m^2,容积率 2,总建筑面积 291 857 m^2,其中,地上建筑面积 184 654 m^2,地下建筑面积 107 203 m^2。主要产品业态为高层、叠拼别墅、自持住宅和少量政府要求配建的保障房。此项目由全国前十的房企打造,应当地政府要求,有 30 000 m^2 作为图书馆无偿移交给政府,且此项目因应用了夹心保温材料而获得了 4 400 m^2 计容面积奖励。项目于 2018 年 7 月开工,2020 年 8 月完工,使用了一年零三个月的开发贷款。项目总户数 2 277 户,车位数 1 551 个,高层已实现均价 34 437 元/m^2,叠拼别墅已实现均价 45 781 元/m^2。

图 5-10 上海市奉贤区南桥新城 JBL 项目航拍图

11. 桐乡市高桥街道 YRL34 地块项目(图 5-11)

桐乡市高桥街道 YRL34 地块项目位于桐乡市高桥街道,距桐乡高铁站仅 800 m,40 min 可达上海,17 min 可达杭州,地理位置优越,交通便利。该项目由全国前十的房企打造。开发商与桐乡市政府达成一致,参与"高桥地块"的一、二级联动开发。开发商在此地块还配套了国际学校、医院、养老公寓、农庄等各项高端设施。该地块占地面积 67 985 m^2,容积率 1.5,总建筑面积 153 896 m^2,其中,地上建筑面积 101 977 m^2,地下建筑面积 51 919 m^2,于 2017 年 10 月摘地,折合楼面价 6 341 元/m^2。主要产品业态为高层和联排别墅,高层预期售价 13 780 元/m^2,联排别墅预期售价 21 400 元/m^2。该项目联排别墅实际销售价格高于预期,且销售速度较快,利润率和内部收益率指标均向好。

12. 北京市 WLT 项目(图 5-11)

北京市 WLT 项目位于北京市西五环石景山区浅山板块,于 2017 年 11 月摘地,占地面积 202 551 m^2,容积率 1.7,总建筑面积 667 385 m^2,其中,地上建筑面积 346 496 m^2,地下建筑面积 320 889 m^2,折合楼板价 18 683 元/m^2。主要产品业态为洋房、叠拼别墅(地下三层,可售),13 万 m^2 还建商业和地下商业,由深耕北京多年的全国前十的房企操盘。周边有同类型竞品项目,土地出让时已限定销售均价 52 000 元/m^2,项目目标客户为京西首置和改善型客户。项目实际开发中,操盘方反映建安成本不够,需要加大精装修的投入以及村集体要求的还建商业需要提高建造标准才同意接收,成本较大幅度增加,可售货值反而降低,导致项目最终收益远远小于投资测算阶段的假设。

(a) 航拍图

(b) 效果图

图 5-11　北京市 WLT 项目

13. 成都市双流区 TF 项目（图 5-12）

成都市双流区 TF 项目占地面积 49 777 m²，容积率 2，总建筑面积 144 058 m²，其中，地上建筑面积 99 553 m²，地下建筑面积 44 505 m²，折合楼板价 8 093 元/m²，于 2017 年 12 月摘地。本项目属于双流区东升板块，绕城外侧，双流机场以西，隶属于空港高科技产业功能区。主要产品业态为小高层、洋房和商墅。实际销售中，商墅价格 22 000 元/m², 较投资预算时的 32 000 元/m² 有较大程度下降, 洋房价格由 22 000 元/m² 下降至 19 000 元/m²。该项目预期收益较投资预算阶段大幅下降。复盘来看, 投资预算阶段对该区位的售价预期过于乐观, 对一个距离成都市中心天府广场 25 km 的项目, 过分夸大了周边高科技产业区对区域房价的拉升作用, 偏离了该区域的常规水平。

(a) 航拍图

(b) 效果图

图 5-12 成都市双流区 TF 项目

14. 福州市晋安区泉头 55 号地块项目(图 5-13)

福州市晋安区泉头 55 号地块项目位于福州市晋安区五四北板块,于 2018 年 2 月摘地,占地面积 63 438 m²,容积率 2.4,总建筑面积 216 248 m²,其中,地上建筑面积 152 251 m²,地下建筑面积 63 997 m²,折合楼面价 19 244 元/m²。主要产品业态为精装修高层,预期销售均价 34 600 元/m²。福州市限价较为严格,当地多个项目的房管局审批售价甚至低于同年楼板价,从侧面反映了当地土地拍卖市场的不成熟、不稳定,政策导向严重,价格管控失控,实际销售均价约为 27 600 元/m²。项目层面处于盈亏平衡点。

图 5-13 福州市晋安区泉头 55 号地块项目航拍图

15. 杭州市萧山区 YQ 项目(图 5-14)

杭州市萧山区 YQ 项目位于萧山义桥板块,项目所在三江口区域是杭州拥江发

(a) 航拍图

(b) 效果图

图 5-14　杭州市萧山区 YQ 项目

展的最后一块大规模空地,义桥城中村改造预计拆迁超过 1 000 户。该项目于 2018 年 1 月摘地,占地面积 57 353 m²,容积率 2.5,总建筑面积 219 154 m²,其中,地上建筑面积 142 762 m²,地下建筑面积 76 392 m²,折合楼面价 10 731 元/m²。主要产品业态为高层、洋房和叠拼别墅。高层预期销售均价 20 388 元/m²,洋房 24 494 元/m²,叠拼别墅 27 644 元/m²。实际高层销售均价不超过 19 000 元/m²,洋房也仅实现了高层售价,叠拼别墅售价也有所降低。

16. 苏州市吴中区 DWNL 项目(图 5-15)

苏州市吴中区 DWNL 项目位于吴中区城市核心区,轨道交通 2 号线和 4 号线交汇,交通便利,于 2018 年 2 月摘地,占地面积 30 073 m²,容积率 4,总建筑面积 149 281 m²,其中,地上建筑面积 109 956 m²,地下建筑面积 39 325 m²,折合楼面价 10 464 元/m²。主要产品业态为高层,定位高端,由全国前十的房企打造。投资预期高层入市价格在 37 000～41 000 元/m²。实际入市后基本实现了价格和流速,也实现了预期收益。

17. 昆明市五华区 BJC 项目(图 5-16)

昆明市五华区 BJC 项目位于昆明主城区北三环龙泉路,背靠长虫山,属于成熟居住板块,周边教育配套成熟,于 2018 年 1 月摘地,占地面积 102 720 m²,容积率 3.7,总建筑面积 513 778 m²,其中,地上建筑面积 381 225 m²,地下建筑面积 132 553 m²,整体地形呈长条形,内部缓坡,折合楼面价 6 980 元/m²。主要产品业态为高层和 LOFT 公寓,预期住宅售价 13 500 元/m²,LOFT 公寓售价

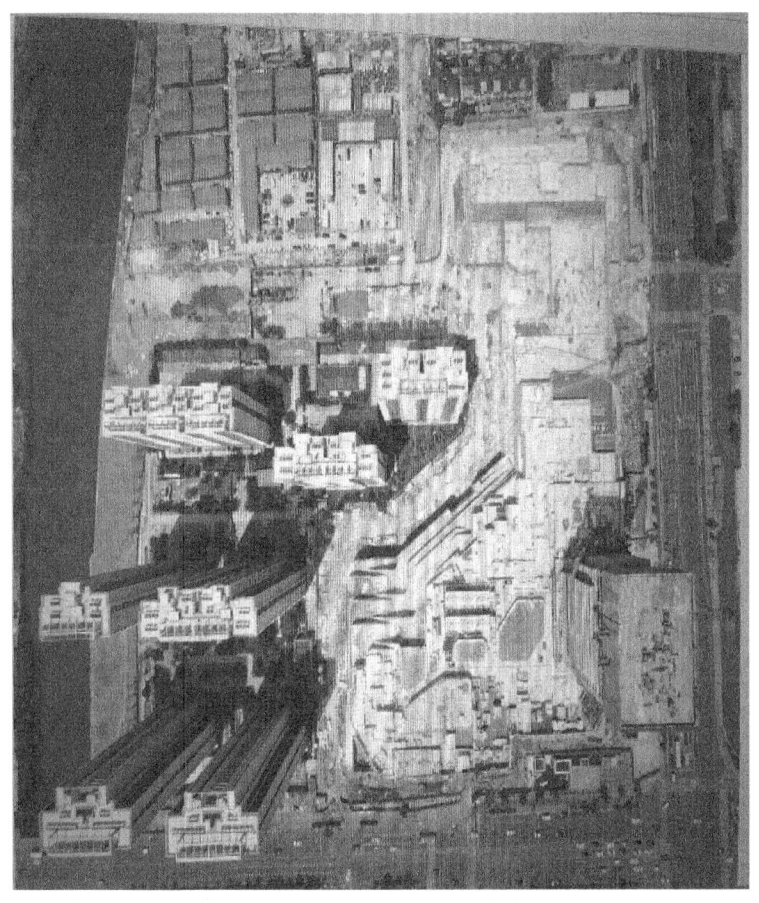

图 5-15 苏州市吴中区 DWNL 项目航拍图

9 800 元/m²。实际销售价格高于预期,但公寓流速较慢,有价无市,项目整体表现不及预期。

18. 杭州市江干区 JQ 项目(图 5-17)

杭州市江干区 JQ 项目位于江干区笕桥生态公园板块,南邻城东新城,未来规划为公园生态居住区,于 2018 年 2 月摘地,占地面积 52 253 m²,容积率 2.2,总建筑面积 175 176 m²,其中,地上建筑面积 114 956 m²,地下建筑面积 60 220 m²,折合楼面价 22 765 元/m²。主要产品业态为精装小高层和叠拼别墅,由全国前十的房企打造。小高层和叠拼别墅的预期销售均价分别为 41 000 元/m² 和 51 000 元/m²。实际销售价格没有达到预期,受周边竞品和政府限价影响,项目销售进度较慢,未实现预期收益率和内部收益率。

(a)航拍图

(b)效果图

图 5-16 昆明市五华区 BJC 项目

图 5-17 杭州市江干区 JQ 项目航拍图

19. 杭州市萧山区 SS4 号地项目(图 5-18)

杭州市萧山区 SS4 号地项目位于萧山核心城区板块,紧邻地铁 2 号线,占地面积 25 318 m², 容积率 2.24, 总建筑面积 94 227 m², 其中, 地上建筑面积 63 213 m², 地下建筑面积 31 014 m², 折合楼面价 17 599 元/m², 于 2018 年 2 月摘地。主要产品业态为联排别墅、高层和精装 LOFT 公寓。高层预期销售均价 31 696 元/m², 联排别墅 44 371 元/m²。项目还包含一栋 LOFT 公寓(含精装),预期销售均价 26 413 元/m², 卖点是可做双钥匙, 适合投资。实际销售中, 联排别墅和 LOFT 公寓均实现了预期销售价格, 但高层均价低于预期约 3 000 元/m², 导致项目总体未实现预期收益。

(a) 航拍图

(b) 效果图

图 5-18 杭州市萧山区 SS4 号地项目

20. 天津市北辰区 LY188 地块项目（图 5-19）

天津市北辰区 LY188 地块项目于 2018 年初摘牌，位于天津市北辰区核心区，距地铁刘园站 1 km，紧邻北运河水利风景区，兼具刚需和改善产品的属性，由六方合作开发，占地面积 98 263 m²，容积率 1.8，总建筑面积 244 057 m²，其

图 5-19 天津市北辰区 LY188 地块项目航拍图

中,地上建筑面积 178 157 m²,地下建筑面积 65 900 m²,折合楼板价 16 599 元/m²。主要产品业态为高层、小高层和洋房,计划 3 年清盘。受市场售价影响,由精装修改为清水出售,高层和洋房价格均大幅下降。但因地价比前述几个天津项目低且紧邻主城红桥区,故降价后每个月均有成交,项目整体情况略优于前述几个天津项目。

21. 杭州市下沙大学城北单元 80 号地块项目(图 5-20)

杭州市下沙大学城北单元 80 号地块项目位于下沙经济开发区大学城北单元,占地面积 69 548 m²,容积率 2.3,总建筑面积 228 465 m²,其中,地上建筑面积 159 975 m²,地下建筑面积 68 490 m²,折合楼面价 16 480 元/m²,于 2018 年 5 月摘地。主要产品业态为高层、小高层和洋房,由全国前十的房企打造。预期高层销售均价 26 641 元/m²,洋房 32 167 元/m²。实际销售价格和速度均未达预期,洋房价格没有超过 30 000 元/m²,项目在盈亏平衡点徘徊。

图 5-20 杭州市下沙大学城北单元 80 号地块航拍图

22. 南通市港闸区 27 号地块项目(图 5-21)

南通市港闸区 27 号地块项目位于港闸区核心位置,距离南通轨道交通 1 号线江海大道站 400 m,于 2017 年 11 月摘地,周边土地稀缺,竞品少,存量低,占地面积 52 088 m²,容积率 2,总建筑面积 142 245 m²,其中,地上建筑面积 103 004 m²,地下建筑面积 39 241 m²,折合楼面价 9 538 元/m²。主要产品业态为精装高层和少量叠拼别墅,由绿城主操盘。绿城凭借多年积累的优质产品设计和施工经验技术,在竞争激烈的南通市场也取得了不错的成绩,高层预期售价 25 800 元/m²,叠拼别墅预期售价 28 800 元/m²。受政府限价影响,项目价格未达预期,但销售速度远高于预期,项目取得了不错的内部收益率。

图 5-21　南通市港闸区 27 号地块项目效果图

23. 武汉市洪山区 BSZ173 号项目(图 5-22)

武汉市洪山区 BSZ173 号项目位于二环、三环之间,是白沙洲居住新城,紧邻武昌区域中心区,该板块与南湖板块是距离武昌中心最近的两大刚需板块,是武昌客户外溢的主要区域,于 2018 年 3 月摘地,占地面积 55 990 m^2,容积率 2.4,总建筑面积 185 903 m^2,其中,地上建筑面积 132 961 m^2,地下建筑面积 52 942 m^2,折合楼面价 8 397 元/m^2。主要产品业态为高层和叠拼别墅。精装高层预期销售均价为 23 000 元/m^2,6 层和 4 层叠拼别墅整盘均价分别为 20 000 元/m^2 和 23 000 元/m^2。实际销售价格未达预期,财务指标下降。

24. 苏州市相城区 KYL 项目(图 5-23)

苏州市相城区 KYL 项目位于相城区中心城区,与苏州北站和苏州站均较为接近,距离地铁站 1.4 km,交通便利。该地块占地面积 44 108 m^2,容积率 2,总建筑面积 127 817 m^2,其中,地上建筑面积 88 216 m^2,地下建筑面积 39 601 m^2,折合楼面价 12 500 元/m^2,于 2018 年 7 月摘地。主要产品业态为小高层和洋房,小高层预期销售价格 23 000 元/m^2,洋房 26 100 元/m^2。项目开发过程中当地政府部门要求增加车位配比,导致工期加长,开盘时间延后一个季度,最终实现的整盘均价 23 877 元/m^2,因项目延长了开发贷,故利润略有降低,内部收益率略有提升。

图 5-22　武汉市洪山区 BSZ173 号项目航拍图

图 5-23　苏州市相城区 KYL 项目效果图

25. 苏州市高新区 LHF 项目(图 5-24)

苏州市高新区 LHF 项目位于高新区枫桥街道白马涧片区,紧邻高景山和天平山风景区,景观资源得天独厚,位于生命健康小镇内,产业规划定位高,生活和教育配套齐全,于 2018 年 7 月摘地,占地面积 69 091 m²,容积率 1.3,总建筑面积 127 817 m²,其中,地上建筑面积 88 216 m²,地下建筑面积 39 601 m²,折合楼面价 11 949 元/m²。主要产品业态为洋房和联排别墅,洋房预计入市价格 25 000 元/m²,联排别墅 35 000 元/m²。实际销售基本实现了预期售价,利润率和内部收益率都达到了预期水平。

图 5-24　苏州市高新区 LHF 项目效果图

26. 重庆市万科 ZYGY 项目(图 5-25)

重庆市万科 ZYGY 项目位于重庆市渝北区中央公园板块,紧邻亚洲最大城市公园重庆中央公园,属于城市热点新兴区域。项目由全国知名房企操盘,该房企深耕重庆 10 年,品牌认可度高。板块内规划 250 万 m² 商圈,周边中央公园板块有大量竞品以及大量商业配套在建中。本项目于 2018 年 3 月摘牌,占地面积 204 218 m²,容积率 2,总建筑面积 557 304 m²,其中,地上建筑面积 414 758 m²,地下建筑面积 142 546 m²,折合楼板价 9 379 元/m²。主要产品业态为精装修小高层,预期销售均价 17 500 元/m²,实际已实现售价 15 500 元/m²。受市场下行、政府备案价限制等因素影响,该项目收益率较预期有一定程度降低。

(a) 航拍图

(b) 效果图

图 5-25 重庆市万科 ZYGY 项目

由于 DEA 模型要求样本数据大于零,而本书样本中部分数据为负值,无法满足 DEA 模型的要求,故在实证分析前对相关数据做标准化处理,参考相关文献,数据标准化处理公式如下:

$$Y = 0.1 + \frac{X - X_{\min}}{X_{\max} - X_{\min}} \times 0.9, Y \in [0, 1] \quad (5-1)$$

式中,X 为样本数据原始值;Y 为经标准化处理后的值;$X_{\min}$ 为样本数据中同一指标的原始最小值;$X_{\max}$ 为样本数据中同一指标的原始最大值。

处理后的项目投入标准化数据如表 5-2 所示。

表 5-2 26 个项目投入数据[依照式(5-1)标准化后]

项目名称	可售比	前期和基础设施工程费	主体建安工程费	配套设施工程费	财务费用	管理和销售费用
重庆 ZMS	0.678 1	1 009.7	5 315.94	420.48	0.427 6	884.3
重庆 JQH	0.887 1	685.54	2 961.19	278.17	0.401 7	573.02

(续表)

项目名称	可售比	前期和基础设施工程费	主体建安工程费	配套设施工程费	财务费用	管理和销售费用
天津西青区 YWZ	0.745 5	2 028.1	4 095.72	264.21	0.191 2	1 265.37
大连 TJ	0.687 7	914.99	3 278.28	317.51	0.135 3	476.41
北京房山区 ZKD	0.822 1	842.95	4 720.43	242.12	0.203 6	728.39
天津滨海新区 THL	0.606 7	2 519.89	5 844.38	579.09	0.1	1 790.79
福州晋安区新店片区 YZ	0.738 5	927.21	4 568.29	13.89	0.110 3	833.88
苏州姑苏区北环路	0.685 4	1 769.48	4 552.73	431	0.219 9	1 798.89
天津新港 CC	0.658 8	1 908.06	4 643.34	98.55	0.129 4	1 060.4
上海奉贤区南桥新城 JBL	0.505 1	1 933.11	6 220.2	815.21	0.133 8	1 783.19
桐乡高桥街道 YRL34	0.651 5	1 166.78	4 542.97	179.62	0.1	745.31
北京 WLT	0.727 9	969.41	5 704.89	19.72	1	1 260.26
成都双流 TF	0.606 2	908.6	4 123.18	237.63	0.184 8	980.86
福州晋安区泉头地块	0.684 4	958.3	3 932.88	326.75	0.309 6	1 208.78
杭州萧山区 YQ	0.639	870.93	4 762.83	85.04	0.153 3	860.58
苏州吴中区 DWNL	0.724 2	1 136.49	4 869.76	465.73	0.173 9	1 615.48
昆明五华区 BJC	0.723	727.99	3 287.08	278.24	0.1	648.12
杭州江干区 JQ	0.647 8	999.28	6 577.43	295.02	0.393 2	1 882.06
杭州萧山区 SS4	0.655 2	1 018.48	4 953.27	413.68	0.171	1 305.5
天津北辰 LY188	0.657 5	1 931.27	3 926.3	660.27	0.258 3	1 379.37
杭州下沙大学城	0.552 1	1 109.38	5 227.46	226.9	0.121 8	1 198.17
南通 27	0.672 6	1 143.62	4 146.96	497.96	0.202 1	899.66
武汉 BSZ	0.662 6	944.1	3 235.27	268.05	0.1	639.36
苏州相城区 KYL	0.673 2	1 369.2	4 151.41	228.96	0.136 1	1 031.81
苏州高新区 LHF	0.52	1 585.84	6 575.45	498.89	0.122 6	1 248.6
重庆万科 ZYGY	0.717	785.06	3 556.78	211.7	0.1	769.39

处理后的项目产出标准化数据如表 5-3 所示。

表 5-3 26 个项目产出数据[依照式(5-1)标准化后]

项目名称	IRR	利润率	整盘销售收入	利润额
重庆 ZMS	0.407 1	0.143 7	1 457 127 376	1
重庆 JQH	0.581 7	0.133 9	1 954 449 870	0.933 6
天津西青区 YWZ	0.009 2	0.039 7	1 332 171 317	0.183
大连 TJ	0.594 2	0.138 0	775 034 686.6	0.377 9
北京房山区 ZKD	0.089 3	0.100 6	998 769 224.5	0.249 5
天津滨海新区 THL	0.015 8	0.047 2	530 900 401.7	0.150 3
福州晋安区新店片区 YZ	0.009 1	0.010 7	848 269 400	0.202 3
苏州姑苏区北环路	0.076 3	0.085 2	351 415 449.2	0.208 8
天津新港 CC	0.005 8	0.013 4	591 002 130	0.178 8
上海奉贤区南桥新城 JBL	0.076 2	0.002 7	2 014 603 333	0.1
桐乡高桥街道 YRL34	0.222 7	0.159 7	406 081 350	0.348 8
北京 WLT	0.089 6	0.100 2	3 454 824 176	0.647 1
成都双流 TF	0.153 1	0.081 7	556 167 600	0.224 5
福州晋安区泉头地块	0.002 5	0.005 3	1 261 423 908	0.152 9
杭州萧山区 YQ	0.081 3	0.061 5	700 225 000	0.197 1
苏州吴中区 DWNL	0.137 7	0.285 4	1 035 210 374	0.786 7
昆明五华区 BJC	0.151 9	0.133 1	1 377 782 366	0.632 1
杭州江干区 JQ	0.031 6	0.026 0	1 431 721 335	0.271 2
杭州萧山区 SS4	0.090 7	0.057 7	469 725 746.8	0.218 6
天津北辰 LY188	0.072 9	0.120 5	2 058 378 704	0.330 4
杭州下沙大学城	0.025 9	0.029 7	1 287 281 559	0.263 5
南通 27	0.292 6	0.058 6	509 442 750	0.248 8
武汉 BSZ	0.083 1	0.090 5	975 723 948.4	0.274 7
苏州相城区 KYL	0.159 8	0.100 8	718 286 964	0.325 2
苏州高新区 LHF	0.154 3	0.105 2	776 422 690.9	0.342 4
重庆万科 ZYGY	0.150 5	0.1	2 344 402 133	0.561 2

5.2 26个股权投资项目经营绩效分析

通过DEA-SOLVER软件中的超效率SBM模型(以投入为导向),对P公司26个股权投资项目的经营和成本效率进行测算,得到这26个股权投资项目的技术效率(Technical Efficiency, TE)、纯技术效率(Pure Technical Efficiency, PTE)和规模效率(Scale Efficiency, SE)(表5-4)。此处,综合技术效率(TE)=纯技术效率(PTE)×规模效率(SE),其中综合技术效率(TE)=1即为有效的决策单元。

表5-4 26个股权投资项目的技术效率、纯技术效率和规模效率

项目名称	TE	PTE	SE
重庆ZMS	1.065 5	1.068 9	0.996 8
重庆JQH	1.454 5	1.500 1	0.969 6
天津西青区YWZ	0.051 7	0.054 4	0.951 2
大连TJ	1.256 5	1.288 9	0.974 9
北京房山区ZKD	0.325 7	0.380 6	0.855 7
天津滨海新区THL	0.063 3	0.999 0	0.063 4
福州晋安区新店片区YZ	1.221 5	1.964 0	0.621 9
苏州姑苏区北环路	0.179 7	0.193 9	0.926 8
天津新港CC	0.047 5	0.984 9	0.048 3
上海奉贤区南桥新城JBL	1.030 6	1.051 4	0.980 2
桐乡高桥街道YRL34	1.104 8	1.168 8	0.945 2
北京WLT	2.470 5	2.491 9	0.991 4
成都双流TF	0.360 9	0.999 9	0.360 9
福州晋安区泉头地块	0.012 7	0.015 6	0.816 4
杭州萧山区YQ	0.496 6	1.034 9	0.479 9
苏州吴中区DWNL	1.147 3	1.182 1	0.970 5
昆明五华区BJC	1.109 6	1.159 1	0.957 3
杭州江干区JQ	0.112 5	0.196 0	0.574 1
杭州萧山区SS4	0.236 4	0.293 7	0.805 0

(续表)

项目名称	TE	PTE	SE
天津北辰 LY188	0.497 1	1.010 9	0.491 7
杭州下沙大学城	0.171 7	0.999 8	0.171 7
南通 27	0.324 6	0.409 1	0.793 3
武汉 BSZ	0.420 8	0.999 9	0.420 8
苏州相城区 KYL	0.470 7	0.578 5	0.813 7
苏州高新区 LHF	0.431 7	1.028 8	0.419 6
重庆万科 ZYGY	1.159 9	1.163 2	0.997 1

通过表 5-4 不难看出，26 个股权投资项目在技术效率、纯技术效率、规模效率上存在较大差异。下文将从不同的效率视角出发，横向对比分析 26 个股权投资项目在三个效率指标方面存在的差异及成因。

5.2.1 技术效率对比分析

本书所研究的技术效率指的是在投入不变的情况下获得最大产出的能力，或在既定的产出条件下实现最小投入的能力。

26 个股权投资项目的技术效率及横向对比如表 5-5、图 5-26 所示。

表 5-5 26 个股权投资项目的技术效率（从高到低排序）

项目名称	TE	企业性质	城市
北京 WLT	2.470 5	民企	北京
重庆 JQH	1.454 5	民企	重庆
大连 TJ	1.256 5	民企	大连
福州晋安区新店片区 YZ	1.221 5	国企	福州
重庆万科 ZYGY	1.159 9	民企	重庆
苏州吴中区 DWNL	1.147 3	民企	苏州
昆明五华区 BJC	1.109 6	国企	昆明
桐乡高桥街道 YRL34	1.104 8	民企	桐乡
重庆 ZMS	1.065 5	民企	重庆
上海奉贤区南桥新城 JBL	1.030 6	民企	上海
天津北辰 LY188	0.497 1	国企	天津

(续表)

项目名称	TE	企业性质	城市
杭州萧山区 YQ	0.496 6	民企	杭州
苏州相城区 KYL	0.470 7	民企	苏州
苏州高新区 LHF	0.431 7	民企	苏州
武汉 BSZ	0.420 8	民企	武汉
成都双流 TF	0.360 9	民企	成都
北京房山区 ZKD	0.325 7	民企	北京
南通 27	0.324 6	民企	南通
杭州萧山区 SS4	0.236 4	民企	杭州
苏州姑苏区北环路	0.179 7	民企	苏州
杭州下沙大学城	0.171 7	民企	杭州
杭州江干区 JQ	0.112 5	民企	杭州
天津滨海新区 THL	0.063 3	国企	天津
天津西青区 YWZ	0.051 7	民企	天津
天津新港 CC	0.047 5	国企	天津
福州晋安区泉头地块	0.012 7	民企	福州

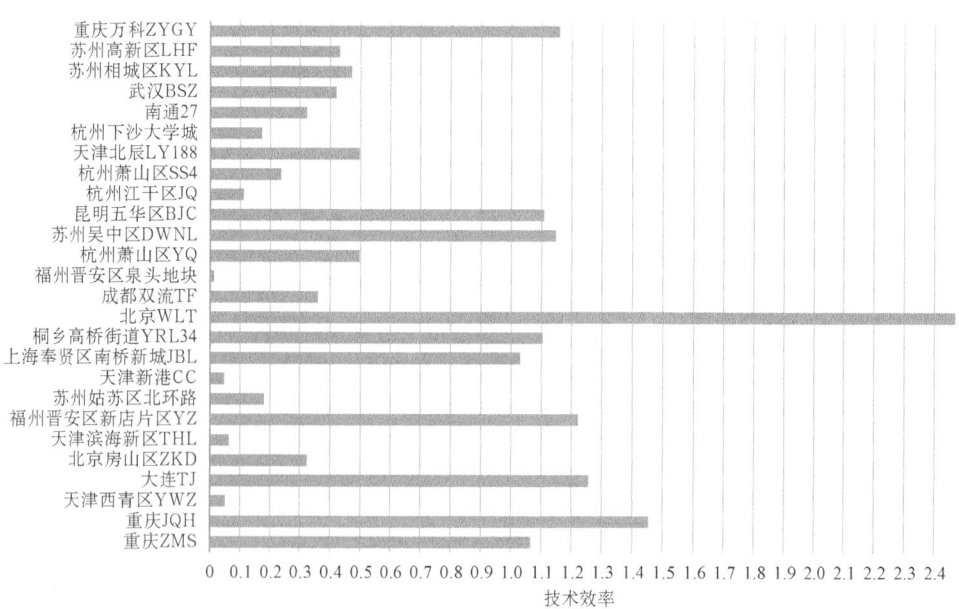

图 5-26 26 个股权投资项目的技术效率横向对比

从图 5-26 可以发现:26 个股权投资项目的技术效率值差别较大,最小的为福州晋安区泉头地块,技术效率值仅为 0.012 7,最大的为北京 WLT,技术效率值为 2.470 5,差值达到 2.457 8。其中,北京 WLT、重庆 JQH、大连 TJ、福州晋安区新店片区 YZ、重庆万科 ZYGY、苏州吴中区 DWNL、昆明五华区 BJC、桐乡高桥街道 YRL34、重庆 ZMS、上海奉贤区南桥新城 JBL 共 10 个项目的技术效率值超过 1,为有效前沿面,说明其投资规模和整体技术管理水平处于领先水平,而其他项目的技术效率值均小于 1,存在无效率状况,反映了这些股权投资项目的投资规模或技术管理水平存在一定的不足。

从地产开发商的企业类型角度出发,国企和民企开发项目的平均技术效率分别为 0.587 8 和 0.680 3,民企略高,但是两者均值均小于 1 且差异并不显著。

如图 5-27 所示,从城市的角度出发,可以看出北京、大连、重庆几个城市的技术效率较高,均值均大于 1,杭州、天津的技术效率较低,均值均小于 0.3。

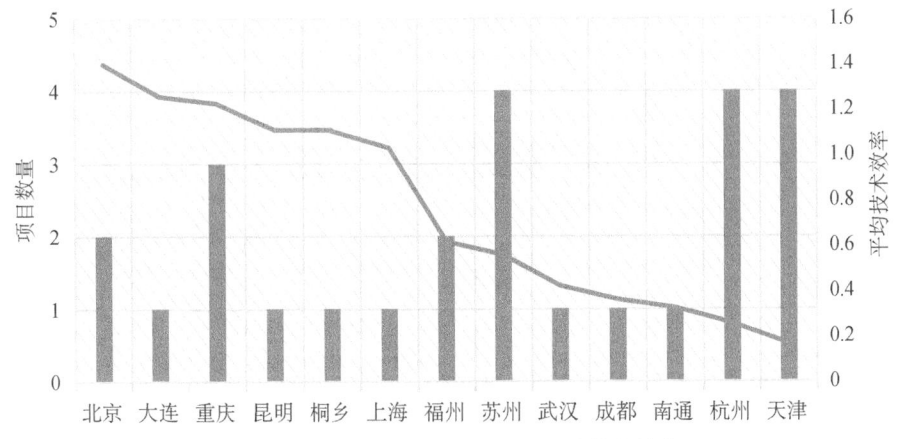

图 5-27 不同城市项目数量及平均技术效率

对上述数据进行聚类分析(图 5-28),可进一步验证北京、重庆等城市的项目与杭州、天津的项目在技术效率上存在梯队的差别。这也与目前项目的实际情况较为接近,尤其是天津和福州这两个城市,前期土地拍卖时地价较高,但开发和预售阶段政府已开始调控房价,项目收益急剧下降。

5.2.2 纯技术效率对比分析

纯技术效率指的是剔除规模效应之后的综合技术效率,这一指标主要考察的是操盘方的管理能力。

26 个股权投资项目的纯技术效率及横向对比如表 5-6、图 5-29 所示。

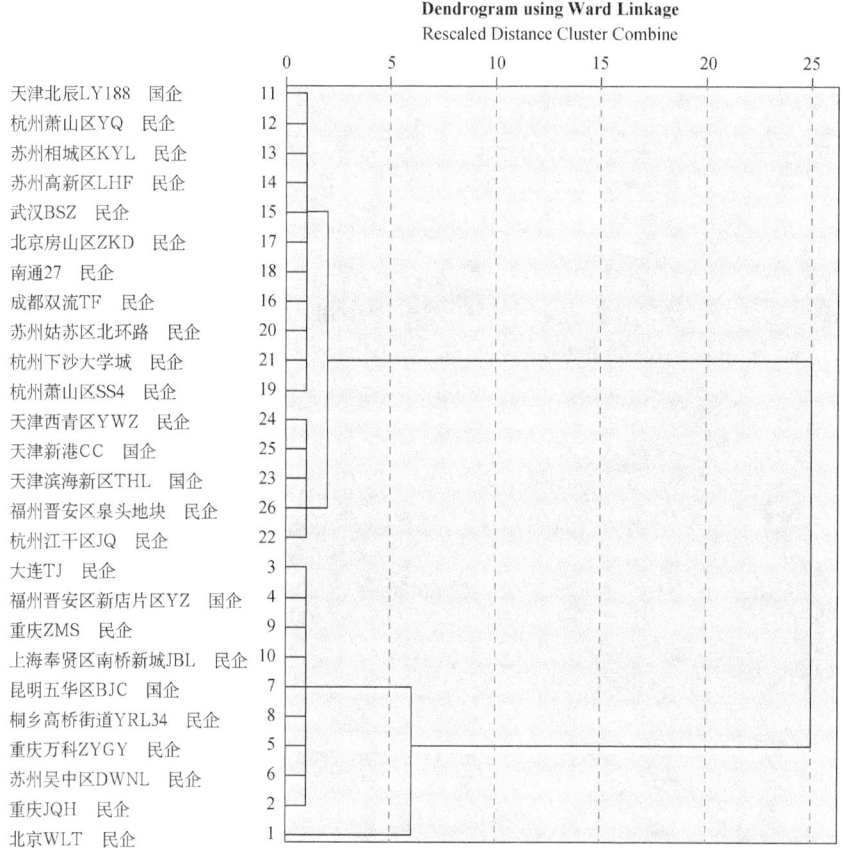

图 5-28　26 个股权投资项目技术效率的聚类分析(瓦尔德法:平方欧氏距离)

表 5-6　26 个股权投资项目的纯技术效率(从高到低排序)

项目名称	PTE	企业性质	城市
北京 WLT	2.491 9	民企	北京
福州晋安区新店片区 YZ	1.964 0	国企	福州
重庆 JQH	1.500 1	民企	重庆
大连 TJ	1.288 9	民企	大连
苏州吴中区 DWNL	1.182 1	民企	苏州
桐乡高桥街道 YRL34	1.168 8	民企	桐乡
重庆万科 ZYGY	1.163 2	民企	重庆
昆明五华区 BJC	1.159 1	国企	昆明
重庆 ZMS	1.068 9	民企	重庆

(续表)

项目名称	PTE	企业性质	城市
上海奉贤区南桥新城 JBL	1.051 4	民企	上海
杭州萧山区 YQ	1.034 9	民企	杭州
苏州高新区 LHF	1.028 8	民企	苏州
天津北辰 LY188	1.010 9	国企	天津
成都双流 TF	0.999 9	民企	成都
武汉 BSZ	0.999 9	民企	武汉
杭州下沙大学城	0.999 8	民企	杭州
天津滨海新区 THL	0.999 0	国企	天津
天津新港 CC	0.984 9	国企	天津
苏州相城区 KYL	0.578 5	民企	苏州
南通 27	0.409 1	民企	南通
北京房山区 ZKD	0.380 6	民企	北京
杭州萧山区 SS4	0.293 7	民企	杭州
杭州江干区 JQ	0.196 0	民企	杭州
苏州姑苏区北环路	0.193 9	民企	苏州
天津西青区 YWZ	0.054 4	民企	天津
福州晋安区泉头地块	0.015 6	民企	福州

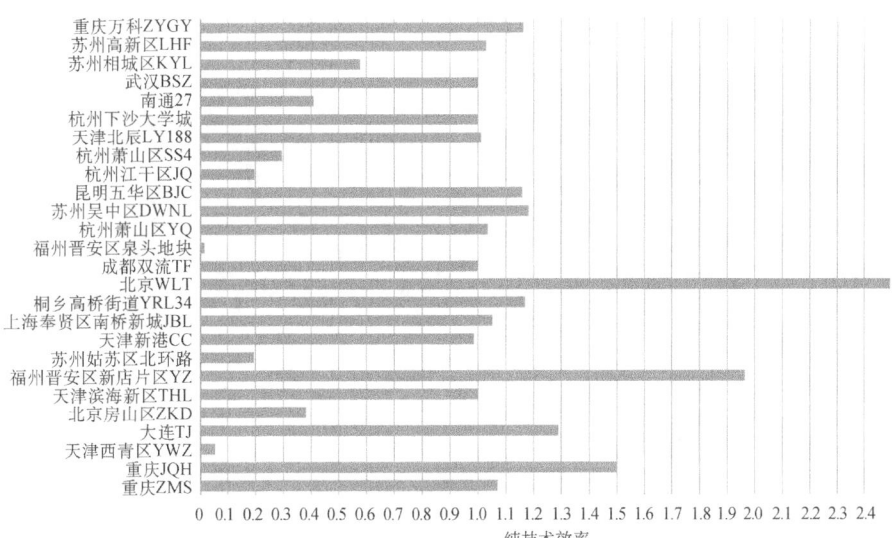

图 5-29 26 个股权投资项目的纯技术效率横向对比

从图 5-29 不难发现:26 个股权投资项目的纯技术效率值差别较大,最小的为福州晋安区泉头地块,纯技术效率值仅为 0.015 6,最大的为北京 WLT,纯技术效率值为 2.491 9。其中,北京 WLT、福州晋安区新店片区 YZ、重庆 JQH、大连 TJ、苏州吴中区 DWNL、桐乡高桥街道 YRL34、重庆万科 ZYGY、昆明五华区 BJC、重庆 ZMS、上海奉贤区南桥新城 JBL、杭州萧山区 YQ、苏州高新区 LHF、天津北辰 LY188 共 13 个项目的纯技术效率值超过 1,为有效前沿面,说明这些项目的技术管理水平、成本控制水平、财务管理水平处于领先地位,而其他项目的纯技术效率值均小于 1,存在无效率状况,其项目技术管理水平、成本控制水平、财务管理水平还有待进一步提高。

从企业性质角度入手,可以发现国企的纯技术效率整体表现不错,达到 1.223 6,超过了 1,高于民企的 0.861 9。这一差异说明 26 个项目中国企开发商的管理水平相对高于民企开发商,拥有较高的纯技术效率。同时可以推测,之所以国企开发项目的综合技术规模略低于民企开发项目,不是因为管理能力较弱,而是因为规模效率较低,后文对规模效率的分析进一步验证了此处的猜想。

如图 5-30 所示,从城市的角度出发,可以看出北京、大连、重庆的项目有着较高的纯技术效率,图 5-31 所示的聚类分析也验证了这一结论。

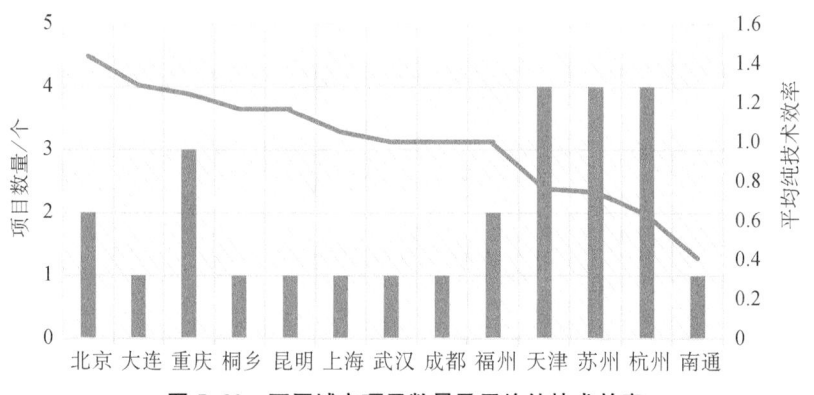

图 5-30　不同城市项目数量及平均纯技术效率

5.2.3　规模效率对比分析

规模效率指的是项目规模对产出效率的影响。

26 个股权投资项目的规模效率及横向对比如表 5-7、图 5-32 所示。

5 股权投资项目经营绩效实证分析

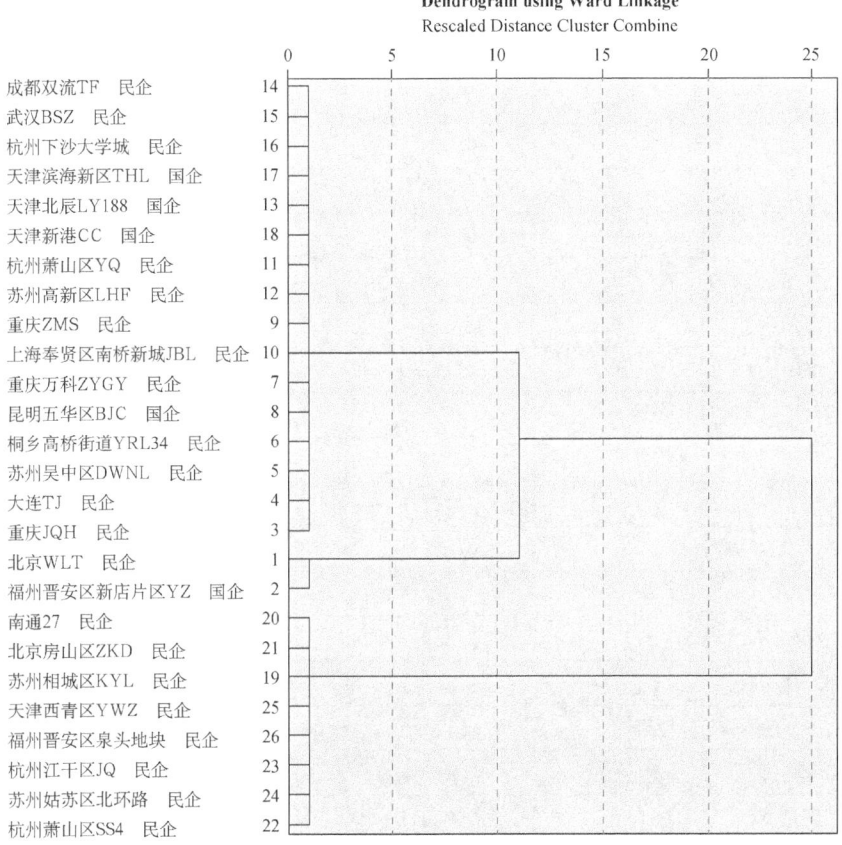

图 5-31 26 个股权投资项目纯技术效率的聚类分析（瓦尔德法：平方欧氏距离）

表 5-7 26 个股权投资项目的规模效率（从高到低排序）

项目名称	SE	企业性质	城市
重庆万科 ZYGY	0.997 1	民企	重庆
重庆 ZMS	0.996 8	民企	重庆
北京 WLT	0.991 4	民企	北京
上海奉贤区南桥新城 JBL	0.980 2	民企	上海
大连 TJ	0.974 9	民企	大连
苏州吴中区 DWNL	0.970 5	民企	苏州
重庆 JQH	0.969 6	民企	重庆
昆明五华区 BJC	0.957 3	国企	昆明
天津西青区 YWZ	0.951 2	民企	天津

(续表)

项目名称	SE	企业性质	城市
桐乡高桥街道 YRL34	0.945 2	民企	桐乡
苏州姑苏区北环路	0.926 8	民企	苏州
北京房山区 ZKD	0.855 7	民企	北京
福州晋安区泉头地块	0.816 4	民企	福州
苏州相城区 KYL	0.813 7	民企	苏州
杭州萧山区 SS4	0.805 0	民企	杭州
南通 27	0.793 3	民企	南通
福州晋安区新店片区 YZ	0.621 9	国企	福州
杭州江干区 JQ	0.574 1	民企	杭州
天津北辰 LY188	0.491 7	国企	天津
杭州萧山区 YQ	0.479 9	民企	杭州
武汉 BSZ	0.420 8	民企	武汉
苏州高新区 LHF	0.419 6	民企	苏州
成都双流 TF	0.360 9	民企	成都
杭州下沙大学城	0.171 7	民企	杭州
天津滨海新区 THL	0.063 4	国企	天津
天津新港 CC	0.048 3	国企	天津

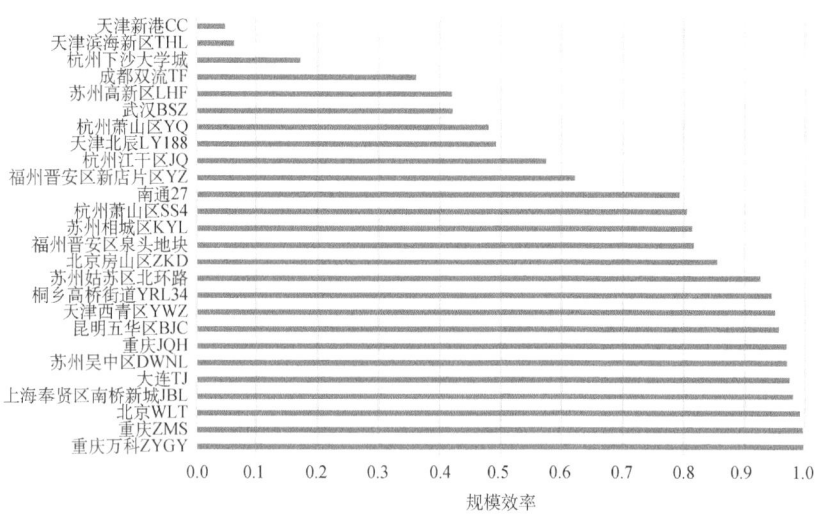

图 5-32 26 个股权投资项目的规模效率横向对比

从表 5-7 和图 5-32 可以发现,26 个股权投资项目的规模效率值差别较大,最小的为天津新港 CC,规模效率值仅为 0.048 3,较大的为重庆万科 ZYGY 和重庆 ZMS,这两个项目的规模效率值接近 1,为有效前沿面,投资规模合理。从实际项目管理中也可以发现,天津新港 CC 项目地理位置不佳,周边有高架桥和老旧小区,教育配套和商业配套欠缺,该项目楼板价已经高于周边在售一手房价格,尽管在投资阶段考虑配置室内精装修,并期望通过精装修实现溢价,但在实际销售过程中,因单价和总价高于周边客户预期,已取消精装修,高层住宅价格以低于楼板价在销售,且销售进度一般,洋房住宅目前还未推向市场,估计也是未来的去化难点。重庆 ZYGY 和重庆 ZMS 这两个项目在实际项目管理和开发销售过程中也是捷报频传,首先是因为重庆这座城市的土地市场较为健康,重庆地区的土地出让一直控制得很好,有丰富的可供开发的土地(山地),并且重庆不像传统城市只有一个市中心,重庆的商业中心非常分散,在各个区都有集中的商业,所以房价也较为平均。并且因为重庆多年来房价稳定,没有大涨大跌,所以土地拍卖市场也非常有规律可循,不会出现严重的一二手倒挂现象,各房地产公司拍地也都非常理性。其次,重庆的住宅市场也较为健康,即使在 2015 年、2016 年全国房价暴涨时期,重庆的房价也没有太大波动,目前也还是维持在 1 万元出头。并且重庆是和上海一样征收房产税的城市,一定程度上也杜绝了投资炒房的泛滥。再加上这两个项目的定位较准确,产品业态切中市场需求,并独创了一些在当地较为先进的建造工艺,如流线型铝板外墙和栏杆、赠送面积较多的联排别墅、与周边公园完美契合的园区内景观设计等,让这两个项目在天时地利人和的情况下取得了较大的成功。而北京 WLT、上海奉贤区南桥新城 JBL、大连 TJ、苏州吴中区 DWNL、重庆 JQH、昆明五华区 BJC、天津西青区 YWZ 项目的规模效率值在 0.95～1 之间,为相对有效,而其他项目的规模效率值均低于 0.95,存在无效率状况,存在过度投资的情况,需要进一步调整。

从开发商企业性质角度来看,民企开发项目的平均规模效率达到 0.772 1,高于国企开发项目的平均规模效率(0.436 5),国企开发项目的平均规模效率较差。可见,民企开发项目在一定程度上具有较好的规模效率优势。

如图 5-33 所示,从城市角度出发,不难发现,重庆、上海、昆明的项目依然处于前列水平,而与之相对的,天津等城市的规模效率依然表现较差。图 5-34 所示的聚类分析更加充分地说明了规模效率的梯队情况十分明显,重庆、北京的项目整体上居于前列,属于同一分组,而成都、天津等则居于规模效率较差的分组。

项目数量
平均规模效率
0
1
2
3
4
5
0
0.2
0.4
0.6
0.8
1.0
1.2
重庆 上海 大连 昆明 桐乡 北京 南通 苏州 福州 杭州 武汉 天津 成都

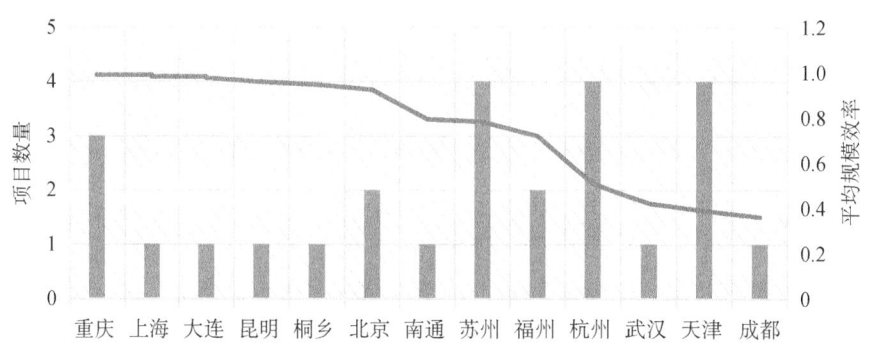

图 5-33　不同城市项目数量及平均规模效率

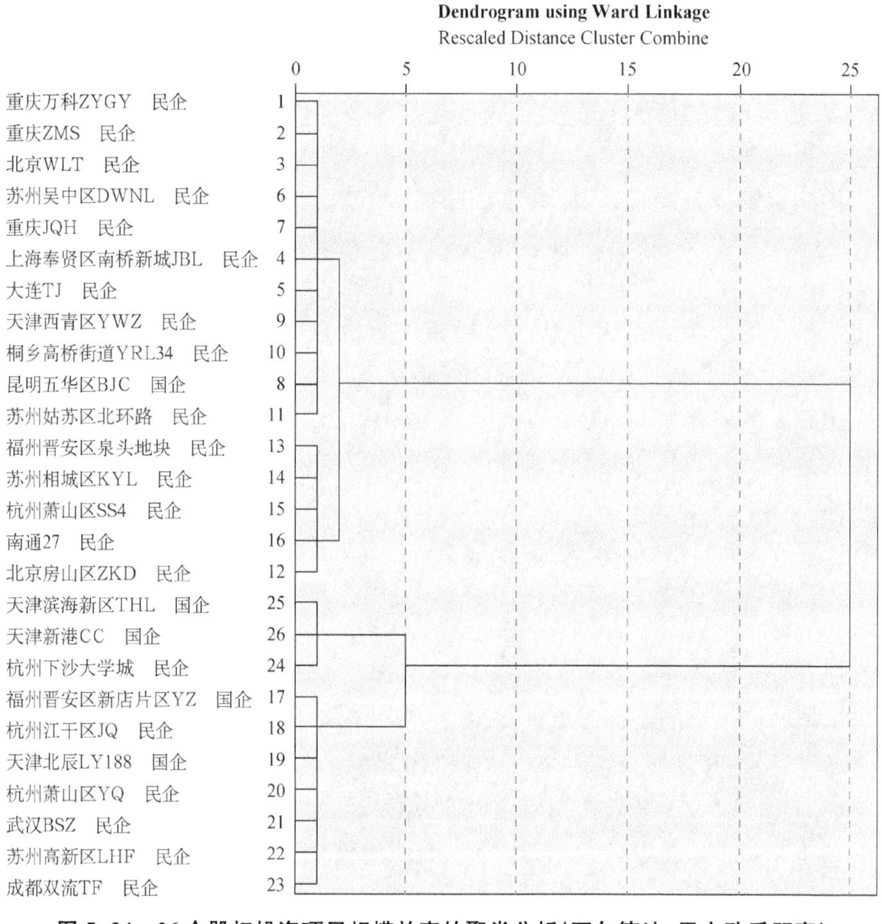

Dendrogram using Ward Linkage
Rescaled Distance Cluster Combine
0 5 10 15 20 25
重庆万科ZYGY　民企 1
重庆ZMS　民企 2
北京WLT　民企 3
苏州吴中区DWNL　民企 6
重庆JQH　民企 7
上海奉贤区南桥新城JBL　民企 4
大连TJ　民企 5
天津西青区YWZ　民企 9
桐乡高桥街道YRL34　民企 10
昆明五华区BJC　国企 8
苏州姑苏区北环路　民企 11
福州晋安区泉头地块　民企 13
苏州相城区KYL　民企 14
杭州萧山区SS4　民企 15
南通27　民企 16
北京房山区ZKD　民企 12
天津滨海新区THL　国企 25
天津新港CC　国企 26
杭州下沙大学城　民企 24
福州晋安区新店片区YZ　国企 17
杭州江干区JQ　民企 18
天津北辰LY188　国企 19
杭州萧山区YQ　民企 20
武汉BSZ　民企 21
苏州高新区LHF　民企 22
成都双流TF　民企 23

图 5-34　26个股权投资项目规模效率的聚类分析(瓦尔德法:平方欧氏距离)

5.3 不同开发商企业性质的项目经营绩效对比分析

重庆 ZMS、重庆 JQH、天津西青区 YWZ、大连 TJ、北京房山区 ZKD、苏州姑苏区北环路、上海奉贤区南桥新城 JBL、桐乡高桥街道 YRL34、北京 WLT、成都双流 TF、福州晋安区泉头地块、杭州萧山区 YQ、苏州吴中区 DWNL、杭州江干区 JQ、杭州萧山区 SS4、杭州下沙大学城、南通 27、武汉 BSZ、苏州相城区 KYL、苏州高新区 LHF、重庆万科 ZYGY 项目的开发商为龙湖、万科、金地等 9 家民企；天津滨海新区 THL、福州晋安区新店片区 YZ、天津新港 CC、昆明五华区 BJC、天津北辰 LY188 项目的开发商为中海、建发、金茂等 3 家国企。国企和民企的三种效率值对比如图 5-35 所示。

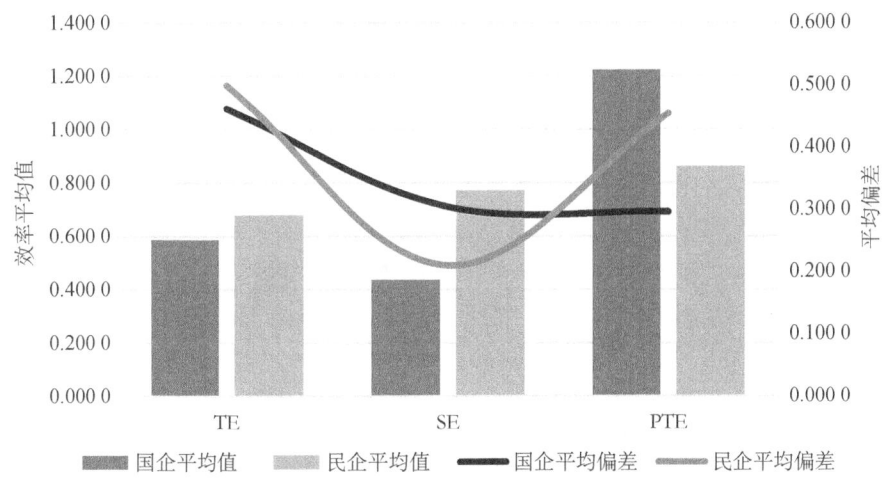

图 5-35 国企和民企开发商的三种效率平均值与平均偏差

由图 5-35 可知，民企开发商的技术效率平均值为 0.680 3，略高于国企开发商的 0.587 8，反映了 26 个股权投资项目开发过程中，民企开发商的管理水平和组织水平更高；从规模效率来看，民企开发商的规模效率为 0.772 1，远高于国企开发商的 0.436 5，但国企开发商的纯技术效率为 1.223 6，远高于民企开发商的 0.861 9，反映出国企的技术效率低于民企主要是规模效率低下所致，而国企的纯技术效率较高则反映出国企开发商在管理和组织方面的优势，说明国企开发商在技术水平、精细化管理、成本控制等方面更胜一筹。

在各类效率值的离散程度方面，本书通过平均偏差（Mean Average Deviation，MAD）来进行研究。通过图 5-35 可以看出，国企和民企开发商在技术效率上的离散程度相当，都维持在一个比较高的水平；而在纯技术效率和规模效率方面，国企开发商的离散程度相当,民企开发商则体现出规模效率的离散程度低于纯技术效率离散程度的情况。结合前文对两者效率平均值的分析可知,民企开发商的规模效率值相对集中且平均效率较高,但其纯技术效率良莠不齐,且平均效率一般。

总体而言,民企开发商更有优势,数量也更多,但国企开发商在一定范围内也存在经营管理上的优势。

5.4　26个股权投资项目的投影分析

在传统的DEA方法中,因所有有效单元的综合技术效率值均为1,故无法调整投入、产出(赵春英等,2019,2020)。但由于本书使用的是超效率SBM模型,此方法把被评价的单元在评价集中剔除,因此被评价单元的效率值是基于由其他单元构成的前沿面进行评价的。故下文对技术效率值大于1的决策单元和小于1的决策单元都进行了投影分析,对无效单元给出了无效原因,对有效单元分析了其优势。

由决策单元的投影分析结果(具体见附录A)可知,北京WLT、重庆JQH、大连TJ、福州晋安区新店片区YZ、重庆万科ZYGY、苏州吴中区DWNL、昆明五华区BJC、桐乡高桥街道YRL34、重庆ZMS、上海奉贤区南桥新城JBL共10个项目的技术效率值均大于1,为有效单元;其余项目的技术效率值均小于1。表5-8给出了各项目投影调整后的数值相对于原输入、输出值的变化率。其中,$X_1 \sim X_6$分别为可售比、前期和基础设施工程费、主体建安工程费、配套设施工程费、财务费用、管理和销售费用,$Y_1 \sim Y_4$分别为内部收益率(IRR)、利润率、整盘销售收入和利润额。

通过表5-8可以看出,有些项目因技术效率过低,投影分析后投入、产出指标变化很大,如天津西青区YWZ项目、天津滨海新区THL项目、天津新港CC项目、福州晋安区泉头地块项目、杭州江干区JQ项目、杭州下沙大学城项目,这些项目投影分析后的内部收益率的变化率均超过1 000%,数据显著异常。此外,通过表5-8还可以分析有效单元的有效原因以及无效单元的无效原因。

(1) 以重庆JQH项目为例对有效单元的有效原因进行分析(图5-36、表5-9)。该项目的技术效率值超过1,为有效单元。

在投入指标的投影中,可售比无变化;前期和基础设施工程费相较于最优状态时减少了284.567万元,减少幅度为41.51%;主体建安工程费相较于最优状态时减少了1 016.388万元,减少幅度为34.32%;配套设施工程费相较于最优状态时减少了17.508万元,减少幅度为6.29%;财务费用无调整;管理和销售

表 5-8　各项目投影调整后的数值相对于原值的变化率

项目名称	TE	ΔX_1	ΔX_2	ΔX_3	ΔX_4	ΔX_5	ΔX_6	ΔY_1	ΔY_2	ΔY_3	ΔY_4
重庆 ZMS	1.07	0.39	0.00	0.00	0.00	0.00	0.00	0.00	0.00	0.00	0.00
重庆 JQH	1.45	0.00	0.42	0.34	0.06	0.00	0.31	−0.33	0.00	0.00	−0.40
天津西青区 YWZ	0.05	−0.06	−0.62	−0.27	0.00	0.00	−0.59	10.00	2.02	0.00	1.93
大连 TJ	1.26	0.00	0.00	0.00	0.00	0.00	0.20	−0.60	−0.11	0.00	0.00
北京房山区 ZKD	0.33	−0.29	−0.30	−0.51	−0.09	0.00	−0.46	3.87	0.00	0.03	0.99
天津滨海新区 THL	0.06	−0.22	−0.75	−0.62	−0.62	−0.07	−0.82	10.00	1.00	0.00	0.72
福州晋安区新店片区 YZ	1.22	0.00	0.00	0.00	0.00	0.99	0.00	3.84	0.00	0.00	−0.19
苏州姑苏区北环路	0.18	−0.22	−0.74	−0.58	−0.58	0.00	−0.81	10.00	2.46	2.09	1.49
天津新港 CC	0.05	−0.56	−0.87	−0.78	0.00	−0.07	−0.82	10.00	0.00	0.00	0.58
上海奉贤区南桥新城 JBL	1.03	0.18	0.00	0.00	0.00	0.00	0.00	0.00	0.00	0.00	0.00
桐乡高桥街道 YRL.34	1.10	0.00	0.00	0.00	0.42	0.00	0.00	0.00	−0.13	0.00	0.00
北京 WLT	2.47	0.13	0.00	0.00	1.63	0.00	0.00	0.00	−0.71	−0.69	−0.50
成都双流 TF	0.36	−0.08	−0.45	−0.46	−0.28	0.00	−0.54	0.76	0.00	1.62	1.35
福州晋安区桑头地块	0.01	0.00	−0.31	−0.34	−0.24	−0.19	−0.63	10.00	10.00	0.00	2.96
杭州萧山区 YQ	0.50	−0.48	−0.51	−0.61	0.00	0.00	−0.60	0.73	0.00	0.00	0.38
苏州吴中区 DWNL	1.15	0.25	0.00	0.00	0.00	0.00	0.00	0.00	−0.37	0.00	0.00
昆明五华区 BJC	1.11	0.00	0.00	0.00	0.00	0.02	0.26	0.00	0.00	0.00	−0.22
杭州江干区 JQ	0.11	0.00	−0.50	−0.67	−0.31	−0.26	−0.78	10.00	2.76	0.00	1.51
杭州萧山区 SS4	0.24	−0.42	−0.71	−0.74	−0.71	0.00	−0.81	1.76	0.00	0.77	0.82
天津北辰 LY188	0.50	0.00	−0.59	−0.06	−0.69	0.00	−0.36	1.03	0.00	0.00	0.74
杭州下沙大学城	0.17	0.00	−0.45	−0.52	−0.14	−0.01	−0.60	10.00	2.02	0.00	0.58
南通 27	0.32	0.00	−0.45	−0.33	−0.59	0.00	−0.36	0.00	0.67	2.61	1.48
武汉 BSZ	0.42	−0.16	−0.26	−0.17	−0.14	0.00	−0.30	3.49	0.12	0.00	0.25
苏州相城区 KYL	0.47	0.00	−0.47	−0.25	−0.06	0.00	−0.38	0.59	0.00	1.62	0.65
苏州高新区 LHF	0.43	0.00	−0.58	−0.62	−0.54	−0.08	−0.65	1.44	0.00	0.00	0.00
重庆万科 ZYGY	1.16	0.00	0.00	0.00	0.16	0.00	0.00	0.00	0.00	−0.46	0.00

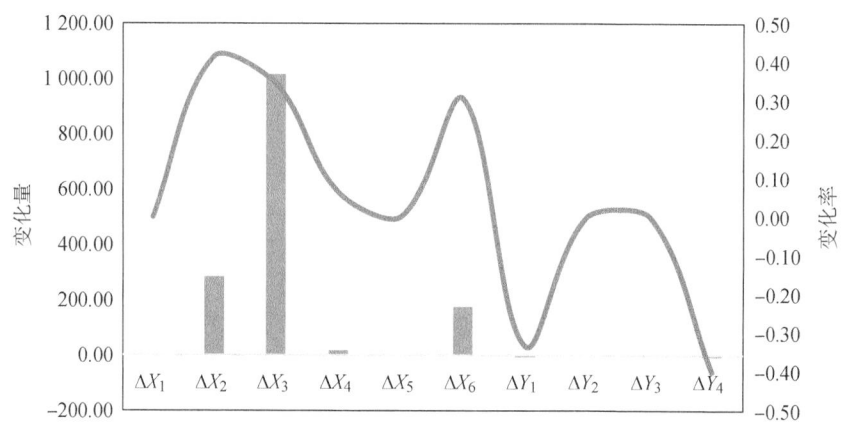

图 5-36　重庆 JQH 项目各指标变化量及变化率

表 5-9　重庆 JQH 项目投影分析表

DMU(I/O)	Score Data	Projection	Difference	％
重庆 JQH	1.454			
可售比	0.887	0.887	0	0.00％
前期和基础设施工程费	685.54	970.107	284.567	41.51％
主体建安工程费	2 961.193	3 977.581	1 016.387	34.32％
配套设施工程费	278.174	295.682	17.508	6.29％
财务费用	0.402	0.402	0	0.00％
管理和销售费用	573.024	748.348	175.324	30.60％
IRR	0.582	0.388	－0.194	－33.36％
利润率	0.134	0.134	0	0.00％
整盘销售收入	1 954 449 870	1 954 449 870	0	0.00％
利润额	0.934	0.56	－0.373	－39.96％

注："DMU(I/O)"指的是决策单元及投入、产出指标；"Score Data"指的是技术效率值；"Projection"指的是最优值；"Difference"指的是调整值。

费用相较于最优状态时减少了 175.324 万元,减少幅度为 30.60％。通过以上数据可以看出,该项目综合技术效率较高的原因是其前期和基础设施工程费、主体建安工程费、管理和销售费用相对较低,从而使得该项目投入产出比较好。

在产出指标的投影中,IRR 相较于最优状态时增加了 0.194,增加幅度为 33.36％；利润率和整盘销售收入无调整；利润额相较于最优状态时增加了 0.373,增加幅度为 39.96％。通过此分析可以看出,相较于其他项目,该项目的利润率和销售收入的表现均正常,但是由于费用节省,致使该项目的利润额和内部收益率(IRR)相较于其他项目有着较大的增加。

技术效率值小于1的股权投资项目均处于无效状态,本书对这些项目进行了冗余调整,在附录A中给出了具体的调整数值。

(2)以天津西青区YWZ项目为例,分析处于无效状态的项目的无效原因(图5-37、表5-10)。该项目的技术效率值为0.0517,为无效单元。

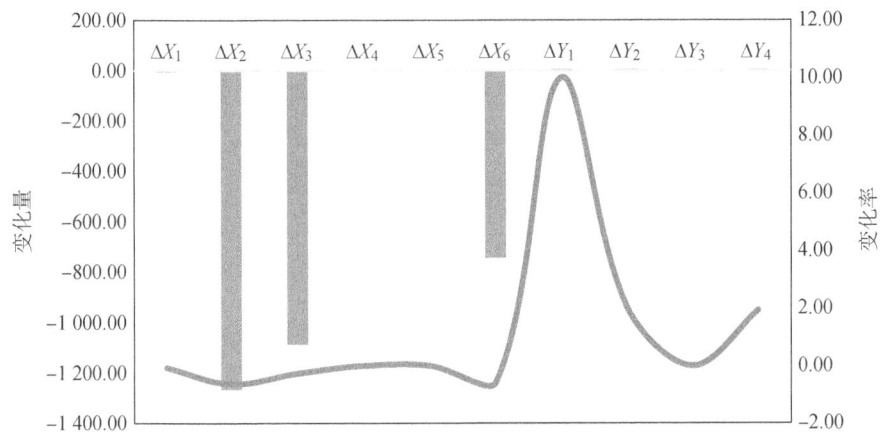

图5-37　天津西青区YWZ项目各指标变化量及变化率

表5-10　天津西青区YWZ项目投影分析表

DMU(I/O)	Score Data	Projection	Difference	%
天津西青区YWZ	0.0517			
可售比	0.745	0.698	−0.048	−6.41%
前期和基础设施工程费	2 028.1	762.648	−1 265.453	−62.40%
主体建安工程费	4 095.721	3 008.372	−1 087.349	−26.55%
配套设施工程费	264.212	264.212	0	0.00%
财务费用	0.191	0.191		0.00%
管理和销售费用	1 265.37	523.054	−742.315	−58.66%
IRR	0.009	0.465	0.456	999.90%
利润率	0.04	0.119	0.0801	201.89%
整盘销售收入	1 332 171 317	1 332 171 317	0	0.00%
利润额	0.183	0.535	0.352	192.57%

注:"DMU(I/O)"指的是决策单元及投入、产出指标;"Score Data"指的是技术效率值;"Projection"指的是最优值;"Difference"指的是调整值。

为达到有效前沿面,投入指标中,可售比需要减少 0.047 8,减少幅度为 6.41%;前期和基础设施工程费需要减少 1 265.452 8,减少幅度为 62.40%;主体建安工程费需要减少 1 087.3489,减少幅度为 26.55%;配套设施工程费和财务费用无需调整;管理和销售费用需要减少 742.315 469 1,减少幅度为 58.66%。通过上述数据可以看出,该项目技术效率较低的原因是前期和基础设施工程费、主体建安工程费以及管理和销售费用过高。

产出指标中,IRR 需要增加 0.455 89,增加幅度为 999.90%;利润率需要增加 0.08,增加幅度为 201.89%;整盘销售收入无需调整,利润额需要增加 0.352 5,增加幅度为 192.57%。通过上述数据可以看出,该项目各项产出数据目前处于一个较低的水平,导致项目整体产出投入比较低,从而使得项目的技术效率较低。

其他的股权投资项目参照这两个决策单元分析,具体见附录 A,此处不再赘述。

6 提升股权投资项目经营绩效的建议

针对当前房地产股权投资项目缺少提升经营绩效的合适方法这一问题,本章在文献回顾和经营绩效评价研究的基础之上,给出了提升股权投资项目经营绩效的相关建议。

从第 5 章的数据分析来看,运用 DEA 模型对房地产项目的经营效率进行评估是比较客观的,分析结果较为接近实际情况。研究结果对房地产公司改进成本投入、提高效率都有极大的参考价值。

笔者根据近年来在房地产股权投资企业投后管理方面的工作经验,希望通过对房地产股权投资项目在投后经营绩效评价与绩效提升工作中遇到的问题、阻力和风险点的分析,研究出一套具有实操性的投后经营绩效评价与提升的办法,既能解决实际工作中操盘方对股权投资方过度介入产生的抵触,也能保证股权投资方投入较少的人力即可对项目关键节点进行有效管控,保证项目朝着双方共同认可的投资模型方向前进,以保证收益率的实现。

在 DEA 模型分析的基础上,结合各项目的具体情况,对于股权投资项目的投后管理重点,本书给出的具体建议如图 6-1 所示。

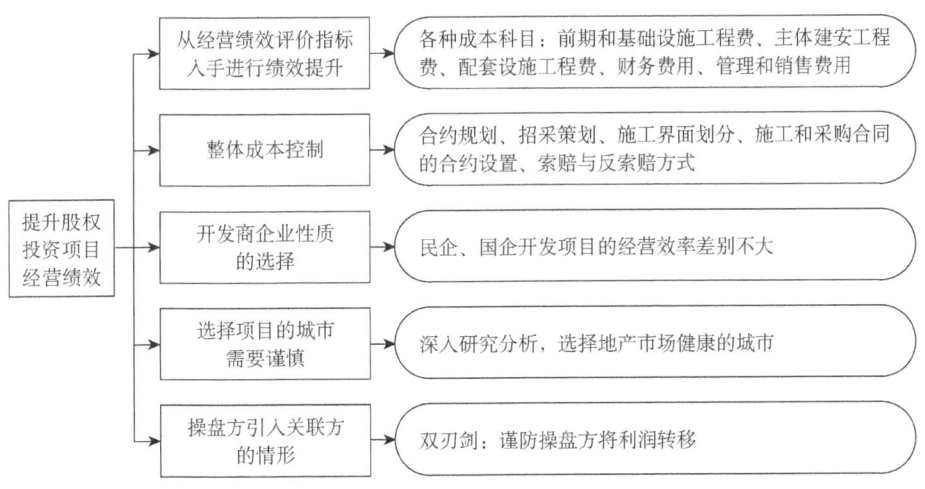

图 6-1 提升股权投资项目经营绩效的建议

6.1 从经营绩效评价指标入手进行经营绩效提升

结合第 5 章的研究,本书认为应从房地产股权投资项目经营绩效的直接影响因素入手,进行成本管理,进而提升项目的经营绩效。而前文所构建的经营绩效评价指标体系恰恰是经营绩效的关键影响因素,故本节从经营绩效评价指标入手,研究如何提升项目的经营绩效。

从项目成本投入的各指标来看,前期工程费、基础设施工程费、主体建安工程费、配套设施工程费、财务费用、管理和销售费用都有可以优化、显著提升项目效率的方面(表 6-1)。

表 6-1 可进行成本管理的成本科目

建议	科目名称
可进行优化	主体建安工程费
	财务费用
	管理和销售费用
不建议过多干预	前期工程费
	基础设施工程费
	配套设施工程费

6.1.1 前期工程费

从实际操作和股权投资管理重点来说,前期工程费一般在项目建安成本中占比不超过 5%,且前期工程中的勘察、监理、造价费用以及各项政府规费等成本较为刚性,无优化空间。前期工程中的设计费是关乎整个项目方案和成本的关键所在,初步设计阶段影响投资 75%~95%,大部分建安成本都是在方案设计阶段决定的,一个好的设计方案可以极大地提升项目的收益和品牌效应。所以不建议在设计阶段过多地对成本进行干预。

6.1.2 基础设施费

基础设施费包括项目的园林景观以及社区管网如雨污水、电力、天然气、热力、网络通信、弱电、智能设施等的建造安装。社区管网工程费与项目所在地的设计标准、收费标准以及市场竞争程度、招标形式有关,一般同一地区业态类似的项目,社区管网工程费水平差异不大。园林景观是项目档次的体现,也是购房者较为敏感的方面,园林景观成本从 400 元/m² 提升至 500 元/m²,即能带来观感的极大提升,相反,如果此处的成本下调,则会极大地影响项目的档次,所以园林景观的成本不建议做过多的干预。

6.1.3 主体建安工程费

主体建安工程费在建安成本中占比超过 80%,影响成本的因素较多,主要有以下三种。

1. 产品业态的组合

在容积率、绿化率、建筑密度、建筑高度、建筑风格、外立面、车位比等限制条件下,以及考虑项目所在区位的客群喜好、置业需求、市场情况等因素,怎样设计各产品业态的组合和排布是决定项目能否成功的最关键因素。高低配(高层和别墅的组合)固然能通过别墅产品提高货值,但怎样做到高层住宅区和别墅住宅区的有机分离,不会引起小业主的反感和投诉,并且在同一个地块实现较大的价差,是体现产品设计能力所在。纯洋房或纯高层住宅产品保证了项目的统一性,但怎样实现价格的逐步提升,并尽可能多地笼络到不同置业需求的客户,各面积段、各户型的设计也是重点。地下车库的车位排布以及地下室的层数、高度、形态、与地上主体建筑的组合等也是成本管理的重点,尤其是别墅或洋房项目一般都有地下赠送面积或地下储藏室可售面积,或地下车位赠送。地基基础的处理和地下室的排布是项目进度的关键,也是地上建筑形态的基础和营销卖点,所以地下部分的设计也是非常重要的方面。

2. 建造标准的制定

在楼型、户型、楼栋排布等都确定的情况下,给各产品配置怎样的建造标准又是另一大关注重点。同样的高层住宅,外立面装饰、入户门、窗、阳台栏杆、首层大堂装修、标准层电梯厅的装修、电梯品牌及配置等,都是客户较为敏感、成本占比也较大的部分。而结构部分如结构形式、含钢量、混凝土含量、墙地比、防水保温做法等因客户不敏感且成本较为刚性,虽占比较大,但可供调整的余地并不多。依据产品定位、客群、售价的不同,配备不同档次的建造标准,既能满足各客户群体的要求,又不会出现成本超配、过度冗余的情况,这最能体现操盘方成本管理水平。在积累了全国各地多年的实操项目数据的情况下,各大型地产公司都建立起了自己的标准化产品配置,根据不同的业态类型、风格、定位等设计了多档次的标准化产品条线,通过大量的基础数据、模型以及不断的优化迭代,实现了在全国范围内快速应用、大范围复制扩张的效果,极大地提升了开发效率,也减少了试错成本和沟通时间。

3. 室内精装修的标准

对于小业主来说,室内精装修是项目档次的一个重要呈现,与日常生活息息相关,精装修档次的高低、材料设备的配置、施工质量的好坏,小业主在入住后会长期、近距离地感受,也是小业主对开发商的直观认知,所以如果项目做了精装修,一定要做好以上几个方面。对于开发商而言,在开发阶段,室内精装修是一个灵活的调配工具,市场销售不管是热还是冷,精装修都有它的调节作用。在市场销售火热时,即使取消精装修或减配,产品售价也不会大跌,反而能加速去化,提高回款速度。而在某些房价调控的热点城市,政府对毛坯房的限价比较刚性,反而可以通过配置精装修,增加溢价,提升项目的利润率。并且室内精装修是主体结构完成后才进场施工,而此时房屋已可以预售,故能根据预售情况调整精装修的配置,是较为灵活的应对市场变化的手段。

主体建安工程费中的变量因素较多,且各城市、各区位、各项目的条件千差万别,没有万能工具可以套用,需要在前期调研和开发过程中实时调整和优化,所以主体建安工程费是最能体现操盘方水平的关键所在,也是股权合作项目管控的重点。

6.1.4 配套设施工程费

配套设施工程费主要是指为满足居住的需要而与开发项目配套建设的各种服务性设施的费用,如社区服务中心、物业管理中心、设备用房(如水泵房、开闭所、热力站、通信设备间等)、公共厕所、幼儿园、学校、菜市场、公交车站、保障房等。配套设施一般在土地出让文件中有明确规定,在项目开发过程中,政府各部门对配套设施的建造标准和配套设施都有更为详细具体的要求,并且会在竣工验收时重点查看验收,所以配套设施工程费也属于比较刚性的成本,没有太多优化空间。某些高端项目或某些品牌地产商,会在项目中配备供小业主使用的健身休闲娱乐会所等,地上会所不仅会占用容积率,减少可售面积,花费建安和装修成本,而且会所还需持续投入运营费用,故会所的配置并不是每个项目的标配,只在高端项目中才会考虑,并且会所的运营也是一件颇具考验的事情。小业主会所的配备是一项值得商榷的成本投入。故配套设施工程费中的刚性成本占比较高,可供成本管理和优化的地方也不多。

6.1.5 财务费用

财务费用仅指外部融资费用,不包含项目内股东对项目的借款费用或股东之间的垫资和代付产生的财务费用。财务费用一般指前端融资、夹层融资、开发贷等融资手段产生的利息。当项目利润较为可观时,可适当使用外部融资,提高外部资金的比例,加快股东出资的回款,提升项目和股东方的内部收益率;当项目利润较薄以及外部融资成本较高时,应降低借款比例,多使用项目销售回款应付日常工程款、各项税金的支付,如出现资金缺口,优先使用股东借款,减少项目成本支出。对于体量较大的项目而言,分期开发、加快预售进度、加快资金回流、保证股东不再继续投入是非常重要的。分期开发的项目,一般第一、二期会用到外部融资,等项目供货正常,有持续稳定销售时,即可逐步偿还外部融资利息和借款本金,并开始利用销售收入支付工程进度款。

6.1.6 管理和销售费用

从 P 公司与合作方签订的股权合作协议来看,管理和销售费用都是与销售额挂钩的,一般为销售额的 3.5%~4.5%,最常见的比例为 4%,可内部调剂使用,并且在项目有超额利润时,还可以提取一定比例的超额管理费奖励。故对于管理和销售费用的可操作空间较少。只有在项目出现亏损的情况下,才会在双方协商基础上结合实际情况调整管理和销售费用,减少项目亏损或扭亏为盈。

从以上几个指标可以看出,对于股权投资企业来说,因不参与项目日常的操盘和具体经营活动,也不会配置过多的人员参与其中,故只需对其中成本占比大、客户敏感度高、可主动管理性强的若干因素进行重点管控即可,而对某些指标采取总价包干的控制措施即可,不用花过多精力具体管辖每一份合同、每一笔款项的支付。股权投资企业,作为项目的财务投资人,主要关注的还是项目利润和内部收益率的实现,在投后管理过程中通过参与管理设计、工程、成本、营销、财务等专业条线,把控方向、降低风险,保证项目按照投资模型的方向前进即可,这样才能达到收益和效率的平衡。

6.2 项目的整体成本控制建议

除了从具体的成本科目着手进行成本管理外,对于项目的整体成本控制,还需从合约规划、招采策划、施工界面划分、施工和采购合同的合约设置、索赔与反索赔方式等方面整体考虑。

6.2.1 合约规划

在将目标成本拆分至合约规划之前,需要对有搭界的各项工程做好施工界面划分,并落实到发标文件和合同内容中,防止重复和遗漏,并且做好责任划分,如总承包工程、防水工程、保温工程、门窗工程等的责任划分,防止后期扯皮,给开发商带来经济损失和索赔隐患。

根据项目的复杂程度、工程设计工作的深度、工程施工的难易程度、工程进度要求的紧急程度，选择合适的合同计价方式。

当选择固定总价时，发承包双方均不能以工程量、设备和材料价格、工资等变动为理由，提出对总价调整的要求，固定总价合同的适用条件：①设计深度已达到施工图设计要求，图纸完整齐全，项目范围及工程量计算依据确切，不会出现较大的设计变更，报价工程量与实际工程量无较大差异的工程；②规模较小、技术不复杂的中小型工程；③工期较短（一般在一年以内）的工程。

当选择固定单价时，可以对工程量进行调整，固定单价合同的适用条件：①工期长、技术复杂、不可预见因素较多的工程；②施工图不完整或工程项目内容、技术经济指标不能明确、具体予以规定的工程；③没有施工图、工程量不明确却急需开工的紧迫工程。

除固定总价和固定单价合同外，还有可调总价或可调单价合同，最常见的就是总承包合同中对于主材如钢筋、混凝土的材料价格设置了调价计算机制。成本加酬金的合同计价方式较少。

6.2.2 招采策划

在设计项目整体招采策划时，需在以上提到的施工界面划分和合同计价方式选择的基础上，合理设计招采策划，包括招标计划、签约进场时间配合、入围单位选择、主要工程的合同支付条款设置、主要工程的合同条款对工程形象进度的要求、对工程进度的激励作用等。

6.2.3 索赔与反索赔方式

在建设工程施工履行中，索赔是指当事人一方由于另一方未履行合同所规定的义务而遭受损失时，向另一方提出赔偿要求的行为。工程索赔是双向的，发包人（建设单位）和承包人（施工单位）都可能向对方提出索赔要求。一般来讲，发包人索赔额较小，而且处理方便，可以通过冲账、扣拨工程款、扣保证金等实现对承包人的索赔；而承包人对发包人的索赔则比较困难一些。

通常情况下，承包人在合同实施过程中，对非自身原因造成的工程延期、费用增加而要求发包人给予损失补偿的一种权利要求，称为承包人的施工索赔。发包人对属于承包人应承担责任造成的损失而向承包人要求的赔偿主张，称为发包人的反索赔。发包人首先需严肃严谨发包合同条款，避免留下明显错误、漏洞和语义含糊、矛盾，对实际可能发生的情况做好预料和规定，其次在合同履行过程中，注意保留各项往来文件、现场证据等，工程完工时应形成一册完整的台账，作为工程竣工资料的组成部分，防止被恶意索赔。

6.3 项目开发商企业性质的选择建议

26个股权投资项目中,国企项目6个,占比23%,民企项目20个,占比77%。在技术效率大于1的10个项目中,国企项目2个,占比20%,民企项目8个,占比80%,基本与项目样本分布相同。此外,在第5章的数据分析中也提到,国企开发项目和民企开发项目的综合技术效率分别为0.5878和0.6803,民企开发项目略高,但差异并不明显。结合前文的分析不难发现,国企开发项目的纯技术效率要高于民企,但项目的规模效率显著低于民企,这也体现出了国企、民企不同的优势:国企在技术水平、精细化管理成本控制等方面具有一定优势,而民企项目的规模更为合理。

可以认为,国企与民企的成本投入管理水平差异不大,这与目前实际情况也较为接近。中国的房地产市场,尤其是在一、二线城市,虽然在拿地阶段会存在政府某些特殊限制要求导致某些房企被拒之门外的情况,但在大多数情况下,尤其是上海这样商业氛围较浓、各项制度较为规范的地方,房地产开发市场接近完全竞争状态,在资金能满足的情况下,不管是国企还是民企,其开发水平都可以做到很接近,国企也可以做到标准化程度高、为适应市场及时调整产品的项目,民企也可以开发较为高端的项目。在建筑产业上、下游企业共同配合的情况下,国企和民企的房地产开发成本,尤其是细化到建筑安装成本,可以做到非常接近的程度。所以对侧重于股权投资的企业来说,只要是正规的大型房企,不管是国企还是民企,都是可以作为合作对象的。

6.4 项目城市的选择建议

26个股权投资项目中,杭州、苏州、天津项目各4个,福州、重庆项目3个。重庆3个项目的技术效率均大于1,天津、杭州4个项目的技术效率均远小于1,苏州3个项目的技术效率小于1,福州2个项目的技术效率小于1。各城市详细的项目数量和各类效率值见表6-2。

表6-2 各城市的项目数量及各类效率值

城市	项目数量	TE	SE	PTE
北京	2	1.3981	0.9236	1.4362
大连	1	1.2565	0.9749	1.2889
重庆	3	1.2266	0.9878	1.24407

(续表)

城市	项目数量	TE	SE	PTE
昆明	1	1.109 6	0.957 3	1.159 1
桐乡	1	1.104 8	0.945 2	1.168 8
上海	1	1.030 6	0.980 2	1.051 4
福州	2	0.617 1	0.719 2	0.989 8
苏州	4	0.557 4	0.782 6	0.745 8
武汉	1	0.420 8	0.420 8	0.999 9
成都	1	0.360 9	0.360 9	0.999 9
南通	1	0.324 6	0.793 2	0.409 1
杭州	4	0.254 3	0.507 7	0.631 1
天津	4	0.164 9	0.388 6	0.762 3

此处的分析结果也明显带有各城市的房地产市场特色。重庆是一个土地市场和住宅市场都较为健康、管理较为成功的城市，所以在重庆开发项目的风险系数较小，能获得稳定的收益。而天津、福州等前两年的热点城市，经历过一轮房价上涨，当地政府的行政能力有限，不能很好地对土地出让节奏进行铺排，也没有对销售市场进行精准有效的干预，导致开发商在当地开发项目的风险加大，甚至出现"面包不如面粉贵"的情况。所以，对于股权投资企业来说，比起选择合作对象，加深对各城市市场的研究和分析，谨慎选择进入的城市更重要。

6.5 针对操盘方引入关联方情形的建议

对于股权投资方来说，除了与操盘方共同合作，做好合同和成本的管理工作之外，因不参与日常操盘，所以要谨防操盘方在项目中引入过多操盘方的关联方。一方控制、共同控制另一方或对另一方施加重大影响，以及两方或两方以上受同一方控制、共同控制的，构成关联方。有相当数量和规模的房企有关联方参与项目开发，一类如万科、华润、朗诗等品牌房企，在多年的房地产开发项目操盘过程中，陆续成立了关联单位，如设计、材料设备生产和供应、建筑施工、精装修施工、物业管理、房屋销售等相关配套企业，服务项目快速高效推进，并有利于实现房企的特殊施工技术和配置需求。另一类如中国铁建、中天建设、中建八局等企业，是由建筑施工起家进而发展成进军房地产开发领域的开发商，天然带有建筑施工背景，往往这些房企项目的总承包单位就是其集团旗下的建筑施工企业，也是这些房企的核心竞争力,双方能够熟练地互相配合项目开发,节约大量商务谈判等方面的交易成本和时间,提高交易效率,而且通过集团的统筹安排,可以做到大型机械进场、土方挖方回填、工人调度、材料集采等方面的科学优化配置,节约成本,并且关联交易在一定程度上可以进行税务统筹,分散或转移利润。对于操盘方来说,引入关联交易是提升品质、效率和利润的有效方式。据统计,粤系房企在关联交易上做了更深程度和更广范围的探索和实践,有些项目的关联方交易合同金额超过总建安成本的60%甚至更高。对于股权投资方来说,面对操盘方引入关联方,一方面,可以提高项目效率,提高对项目的把控程度;另一方面,也要谨防操盘方转移项目利润。针对此种情况,股权投资方可以在签订合作协议阶段即与操盘方约定关联方的准入机制、招标定标依据以及股权投资方查看、参与和审核的权限等,从协议和具体实施两方面严格规范关联交易行为,保证股权投资方的利益。

7 结论与展望

7.1 结论

7.1.1 房地产股权投资项目经营绩效评价模型

本书构建了一个适用于房地产股权投资项目的经营绩效评价模型。该模型由绩效评价指标体系和数据分析模型构成。

在股权投资项目经营绩效评价的指标体系构建方面,本书使用德尔菲法,从各项指标中筛选出与成本投入、产出最为相关的核心指标作为分析依据,建立了以投入、产出指标为核心的评价指标体系。该指标体系将房地产开发项目的经营绩效理论与样本的实际分析相结合,以前期和基础设施工程费、主体建安工程费、配套设施工程费、财务费用、管理和销售费用作为投入指标,以内部收益率(IRR)、利润率、整盘销售收入、利润额作为产出指标。其中,投入指标是房地产公司成本管理的重点方面,是可以主动修正、调整的因素,产出指标中虽然以销售价格为核心,但通过前期不同的产品组合和营销手段、出资回款等运作手段,还是可以在有限范围内主动优化产出指标的。通过这种投入与产出指标的选择,本书提供了一种分析房地产开发项目成本投入有效性的方法。

7.1.2 基于模型的实证分析

在构建了经营绩效评价指标体系后,本书基于该模型对26个股权投资项目进行了实证分析,对26个项目的技术效率、纯技术效率、规模效率进行了分析和排序,得出各项目的效率水平,并与项目实际情况进行对比,以此验证本书所构建的模型在分析房地产股权投资项目经营效率方面的适用性。

经过理论与实际的对比分析,发现本书所构建的模型在分析房地产股权投资开发项目的经营绩效方面较为科学,可以作为开发商日后进行经营绩效评价的依据。

7.1.3 基于实证分析给出提升经营绩效的建议

本书聚焦成本投入各项指标中对经营绩效影响最大的指标,通过对 26 个项目的评价以及对 2 个重点项目决策单元的投影分析,发现成本投入的各项指标中均有成本投入冗余的问题,在前期和基础设施工程费、主体建安工程费、配套设施工程费、财务费用、管理和销售费用方面均有可改进空间。本书提出了针对性的改进建议。

7.2 不足之处

限于笔者的知识体系、科研能力和工作经验,书中尚有不足之处,有待进一步研究。

（1）考虑到数据分析的投入指标限制,对于成本投入指标的设定存在局限性。影响房地产项目最终成功与否的投入因素较多,本书仅从成本角度考虑,且成本科目拆分不够细致,未能拆分到具体产品业态的成本差异,也未能深入研究税费、资产结构、股东间垫资、借款等因素,并且未能统计到相当长一段周期内影响成本变动的因素,未考虑行业周期的影响和技术变革的影响,导致本书的分析存在偏颇和片面。

（2）由于笔者的工作经验仅在于投后管理阶段,对投资端项目投资偏好、操盘方选择偏好、投资要求等领悟不足,导致本次项目样本选择可能存在系统性偏好,未能真实反映房地产行业的共性问题。

（3）本书未能根据房地产开发项目的成本投入设计更符合实际情况的模型,导致数据分析结果与实际情况略有出入。

7.3 展望

在未来工作中,希望能利用好本次数据分析的经验,结合实际工作情况,设计更科学、更符合房地产开发项目特点的经营绩效评价模型以及成本管控机制,将以往项目的管理经验更好地应用到未来项目的投后管理中,并介入投资阶段的风险预警工作,通过投后管理积累的经验教训和数据规律,反哺投资阶段的项目选择和筛选,减少投后阶段的模型偏差,保证项目利益的实现。

参 考 文 献

Back W E, Maxwell D A, Isidore L J, 2000. Activity based costing as a tool for process improvement evaluations[J]. Management in Engineering, 3/4: 48-58.

Banker R D, Charnes A, Cooper W W, 1984. Some models for estimating technical and scale inefficiencies in data envelopment analysis[J]. Management Science(30): 1078-1092.

Barrios M, Guilera G, Nuo L, et al, 2020. Consensus in the delphi method: What makes a decision change? [J]. Technological Forecasting and Social Change(163): 1-10.

Charnes A, Cooper W W, Rhodnes E, 1978. Measuring the efficiency of decision making units[J]. European Journal of Operational Research, 2(6): 429-444.

Coelli T, Rao P, Battase E, 1998. An introduction to efficiency and productivity analysis [M]. Boston: Kluwer Academic Publishers.

Cooper W W, Seiford L M, Tone K, 2006. Data Envelopment Analysis (Second Edition) [M]. Boston: Kluwer Academic Publishers: 367-380.

Fare R, Grosskopf S, Pasurkajr C, 2007. Environmental production functions and environmental directional distance functions[J]. Energy, 32(7): 1055-1056.

Hailu A, Veeman T S, 2001. Non-parametric productivity analysis with undesirable outputs: An application to the Canadian pulp and paper industry[J]. American Journal of Agricultural Economics, 83(3): 605-616.

John K S, Vijay G, 2008. Strategic cost management: the new tool for competitive advantage [J]. Language.

Orshan O, 1984. Life cycle costing the issue involved[J]. Proceeding of the Third International Symposium on Building Economics(1): 89.

Raz T, Dan E, 1999. Activity based costing for projects[J]. International Journal of Project Management, 17(1): 61-67.

Seiford L M, Zhu J, 2002. Modeling undesirable factors in efficiency evaluation[J]. European Journal of Operational Research, 142(1): 16.

曹阳,2019.我国房地产投资信托(REITs)的标准化发展与法律制度建设[J].法律适用(23): 48-57.

陈良华,2006.成本管理[M].北京:中信出版社.

陈胜群,1997.成本企画:从旧的管理实践到新的管理思想——一种正在影响全球成本管理思潮的日本代表模式[J].上海管理科学,6:42-44.

陈胜群,1997.论日本成本管理的代表模式——成本企划[J].会计研究(4):47-51.

陈胜群,1998.现代成本管理论[M].北京:中国人民大学出版社:48-52.

陈祥有,2009.基于目标成本管理的作业成本法[J].财会论坛(6):51-52.

成刚,2015.数据包络分析方法与MaxDEA软件[M].北京:知识产权出版社:1-231.

代春利,2015.基于生命周期思想的房地产企业环境成本管理研究[D].石家庄:石家庄铁道大学.

戴金明,1993.美国不动产投资信托发展及启示[J].上海金融(4):26-28.

董慧文,2021.房地产企业责任成本管理研究[J].建筑经济,42(4):19-23.

杜剑,王肇,杨杨,2018.房地产业"营改增"对企业财务效率影响研究——基于DEA模型的实证检验[J].贵州财经大学学报(6):72-80.

杜小武,张辛辛,2021.基于BSC-ABC模式的建筑工程项目成本管理研究[J].工程经济,31(6):64-67.

方金金,2014.中国房地产行业效率分析:基于省级数据的实证研究[J].现代管理科学(11):7880.

高峰,2021.目标成本法在房地产开发项目成本管理中的应用[J].企业改革与管理(7):125-126.

江淼,2014.基于DEA-Tobit模型的上市房地产企业效率研究[D].西安:西安建筑科技大学,2014.

姜翔程,季萌茜,谢小爽,2019.新一轮限购政策对我国房地产企业经营效率影响研究[J].上海经济(3):44-52.

蒋卫东,周英,贺芬,2003.面向顾客的供应链目标成本管理[J].管理科学,16(1):16-19.

鞠方,李文君,黄乔,2019.去杠杆背景下房地产信托对房价的影响研究[J].湖南大学学报(社会科学版),33(1):61-69.

廖妍,2015.中国房地产上市公司经营效率的实证研究[D].柳州:广西科技大学.

刘明芳,王卓甫,2014.基于DEA的房地产投资决策方案评价[J].工程管理学报,28(2):138-142.

刘伟涛,顾鸿,李春洪,2011.基于德尔菲法的专家评估方法[J].计算机工程,37(S1):189-191,204.

刘亚臣,金箫,包红霏,2017.基于Malmquist指数的房地产业全要素生产效率分析[J].会计之友,24:13-18.

刘永乐,孙仲明,2006.房地产上市公司经营效率的DEA评价[J].统计与信息论坛,21(1):74-78.

马梦,刘庆,2004.全面成本管理的由来与发展[J].广西金融研究(11):47-50.

迈克尔·波特,1988.竞争优势[M].夏忠华,译.北京:中国财政经济出版社.

迈克尔·波特,1997.竞争战略[M].陈小悦,译.北京:华夏出版社.

孟川瑾,邢斐,陈禹,2008.基于DEA分析的房地产企业效率评价[J].管理评论(7):57-62.

孟明毅,2020.不动产信托投资基金的美国经验借鉴[J].经济与管理评论,36(1):124-136.
彭凤琴,2020.浅析房地产开发企业项目全面成本管理的几个问题[J].中外企业家(15):67.
冉茂盛,徐彪,2013.基于DEA-PNN的中国上市房地产企业效率研究[J].重庆大学学报(社会科学版),19(3):59-64.
任放,钱珍,2009.房地产企业效率测度实证研究[J].建筑经济(2):110-114.
任阳军,汪传旭,2017.中国城镇化对区域绿色经济效率影响的实证研究[J].技术经济,36(12):73.
任阳军,汪传旭,2018.中国绿色经济效率的区域差异及空间溢出效应研究[J].生态经济,34(2):94.
上官萌,张洁丽,2019.基于DEA模型的房地产上市公司并购效率分析[J].西部金融(2):36-40.
孙翠兰,2005.我国房地产融资方式的比较、选择与调整[J].金融论坛(11):49-52,65.
覃晓艳,王玉红,何耀菊,等,2005.目标成本管理在房地产开发企业中的应用[J].长春大学学报,15(3):4-6.
王化峰,2015.基于DEA模型的房地产项目成本管理问题研究[D].青岛:青岛理工大学.
王唤明,胡卉,2019.中国房地产企业融资效率评估体系——基于DEA-BCC模型的计量分析[J].韶关学院学报,40(4):56-60.
王坚强,阳建军,2010.基于Malmquist指数的房地产企业动态投资效率研究[J].当代经济管理,32(1):84-88.
王少娜,董瑞,谢晖,等,2016.德尔菲法及其构建指标体系的应用进展[J].蚌埠医学院学报,41(5):695-698.
王稳朝,2011.房地产企业目标成本控制体系研究[J].中国管理信息化,14(18):40-41.
王媛媛,张凤新,2019.房地产投资效率影响因素实证分析——以保利地产为例[J].辽宁工业大学学报(社会科学版),21(1):37-38,56.
魏权龄,2004.数据包络分析[M].北京:科学技术出版社.
魏权龄,2012.评价相对有效性的数据包络分析模型——DEA和网络DEA[M].北京:中国人民大学出版社.
吴雪林,2008.目标成本管理[M].上海:复旦大学出版社:65-122.
徐伟,张慧慧,梁娜飞,2019.基于DEA模型的房地产投入产出效率研究——以中国15个中心城市为例[J].工程建设,51(1):1-5.
许国志,2000.系统科学[M].上海:上海科技教育出版社.
叶学平,杨韫韬,2019.中外房地产信托投资基金(REITs)研究述评与展望[J].经济论坛(7):88-96.
袁勤俭,宗乾进,沈洪洲,2011.德尔菲法在我国的发展及应用研究——南京大学知识图谱研究组系列论文[J].现代情报,31(5):3-7.
苑清敏,殷珊珊,2020.三大城市群房地产效率阶段性特征评价分析[J].管理现代化,40(5):31-35.

张保成,2004.基于信息化的房地产业成本控制战略[J].上海经济研究(8):47-52.
张红标,颜斌,2021.工程造价管理型式发展研究[J].建筑经济,42(7):72-74.
张建萍,孙晖,2020.住宅建设项目施工阶段精益成本管理研究[J].辽宁工业大学学报(社会科学版),22(6):42-45.
张明月,李晓梅,2020.基于DEA方法的江浙沪地区房地产上市公司投资效率实证分析[J].辽宁工业大学学报(自然科学版),40(5):332-336.
赵春英,马占新,2019.权重受限的超效率DEA模型及其投影分析[J].系统工程学报,34(1):116-129.
赵春英,马占新,2020.具有偏好锥的面向输出的超效率DEA模型分析[J].运筹学学报,24(1):57-72.
赵愈,许路,李学锋,2019.经济新常态背景下基于SE-DEA模型的房地产行业效率分析[J].沈阳建筑大学学报(社会科学版),21(3):274-280.
周梅,杨洋,常翔,2019.产融结合型房地产上市企业效率问题实证研究[J].经济问题(4):32-40.
邹静,王洪卫,2018.REITs——文献综述[J].产业经济评论(2):35-46.

附 录

附录 A　26 个股权投资项目投影分析表

序号	DMU(I/O)	Score Data	Projection	Difference	%
1	重庆 ZMS	1.065 521 262			
	可售比	0.678 086 108	0.944 660 455	0.266 574 346	39.31%
	前期和基础设施工程费	1 009.696 935	1 009.696 935	0	0.00%
	主体建安工程费	5 315.943 241	5 315.943 241	0	0.00%
	配套设施工程费	420.480 810 4	420.480 810 4	0	0.00%
	财务费用	0.427 614 113	0.427 614 113	0	0.00%
	管理和销售费用	884.304 708 6	884.304 708 6	0	0.00%
	IRR	0.407 1	0.407 1	0	0.00%
	利润率	0.143 7	0.143 7	0	0.00%
	整盘销售收入	1 457 127 376	1 457 127 376	0	0.00%
	利润额	1	1	0	0.00%
2	重庆 JQH	1.454 504 875			
	可售比	0.887 136 08	0.887 136 08	0	0.00%
	前期和基础设施工程费	685.539 957 1	970.107 053 9	284.567 096 8	41.51%
	主体建安工程费	2 961.193 412	3 977.581 271	1 016.387 858	34.32%
	配套设施工程费	278.174 203 1	295.682 498 3	17.508 295 2	6.29%
	财务费用	0.401 711 691	0.401 711 691	0	0.00%
	管理和销售费用	573.024 121 6	748.348 429 3	175.324 307 7	30.60%
	IRR	0.581 7	0.387 639 603	−0.194 060 397	−33.36%
	利润率	0.133 9	0.133 9	0	0.00%
	整盘销售收入	1 954 449 870	1 954 449 870	0	0.00%
	利润额	0.933 576 287	0.560 473 575	−0.373 102 711	−39.96%

(续表)

序号	DMU(I/O)	Score Data	Projection	Difference	%
3	天津西青区 YWZ	0.051 709 343			
	可售比	0.745 545 564	0.697 732 475	−0.047 8	−6.41%
	前期和基础设施工程费	2 028.100 603	762.647 799 4	−1 265.452 803	−62.40%
	主体建安工程费	4 095.720 605	3 008.371 746	−1 087.348 859	−26.55%
	配套设施工程费	264.211 844	264.211 844	0	0.00%
	财务费用	0.191 156 265	0.191 156 265	0	0.00%
	管理和销售费用	1 265.369 956	523.054 486 8	−742.315 469 1	−58.66%
	IRR	0.009 2	0.465 092 313	0.455 892 313	999.90%
	利润率	0.039 7	0.119 849 733	0.080 1	201.89%
	整盘销售收入	1 332 171 317	1 332 171 317	0	0.00%
	利润额	0.183 039 176	0.535 523 061	0.352 483 885	192.57%
4	大连 TJ	1.256 517 513			
	可售比	0.687 742 656	0.687 742 656	0	0.00%
	前期和基础设施工程费	914.992 592 5	914.992 592 5	0	0.00%
	主体建安工程费	3 278.277 133	3 278.277 133	0	0.00%
	配套设施工程费	317.508 994 9	317.508 994 9	0	0.00%
	财务费用	0.135 311 609	0.135 311 609	0	0.00%
	管理和销售费用	476.414 666 5	571.935 437 4	95.520 770 91	20.05%
	IRR	0.594 2	0.234 752 283	−0.359 447 717	−60.49%
	利润率	0.138	0.123 469 584	−0.014 5	−10.53%
	整盘销售收入	775 034 686.6	775 034 686.6	0	0.00%
	利润额	0.377 899 019	0.377 899 019	0	0.00%
5	北京房山区 ZKD	0.325 669 073			
	可售比	0.822 079 028	0.586 703 143	−0.235 375 885	−28.63%
	前期和基础设施工程费	842.949 417 5	588.484 719 9	−254.464 697 6	−30.19%
	主体建安工程费	4 720.433 153	2 304.522 442	−2 415.910 711	−51.18%
	配套设施工程费	242.116 358 9	219.850 023 8	−22.266 335 1	−9.20%
	财务费用	0.203 632 238	0.203 632 238	0	0.00%
	管理和销售费用	728.392 252 6	390.304 003 7	−338.088 249	−46.42%
	IRR	0.089 3	0.435 164 165	0.345 864 165	387.31%
	利润率	0.100 6	0.100 6	0	0.00%
	整盘销售收入	998 769 224.5	1 031 843 178	33 073 953.92	3.31%
	利润额	0.249 532 809	0.495 586 573	0.246 053 764	98.61%

(续表)

序号	DMU(I/O)	Score Data	Projection	Difference	%
6	天津滨海新区 THL	0.063 289 66			
	可售比	0.606 696 874	0.471 105 176	−0.135 591 698	−22.35%
	前期和基础设施工程费	2 519.891 31	626.771 863 6	−1 893.119 446	−75.13%
	主体建安工程费	5 844.384 061	2 245.626 779	−3 598.757 282	−61.58%
	配套设施工程费	579.085 243 8	217.494 333 9	−361.590 909 9	−62.44%
	财务费用	0.1	0.092 7	−0.007 31	−7.31%
	管理和销售费用	1 790.787 354	326.345 055 5	−1 464.442 299	−81.78%
	IRR	0.015 8	0.407 028 258	0.391 228 258	999.90%
	利润率	0.047 2	0.094 5	0.047 3	100.28%
	整盘销售收入	530 900 401.7	530 900 401.7	0	0.00%
	利润额	0.150 323 114	0.258 861 628	0.108 538 515	72.20%
7	福州晋安区新店片区 YZ	1.221 495 218			
	可售比	0.738 478 069	0.738 478 069	0	0.00%
	前期和基础设施工程费	927.207 795 1	927.207 795 1	0	0.00%
	主体建安工程费	4 568.287 7	4 568.287 7	0	0.00%
	配套设施工程费	13.888 276 53	13.888 276 53	0	0.00%
	财务费用	0.110 331 086	0.219 141 318	0.108 810 232	98.62%
	管理和销售费用	833.884 455 4	833.884 455 4	0	0.00%
	IRR	0.009 1	0.009 1	0	0.00%
	利润率	0.010 7	0.010 7	0	0.00%
	整盘销售收入	848 269 400	848 269 400	0	0.00%
	利润额	0.202 305 231	0.164 460 202	−0.037 8	−18.71%
8	苏州姑苏区北环路	0.179 731 339			
	可售比	0.685 401 715	0.535 436 132	−0.149 965 583	−21.88%
	前期和基础设施工程费	1 769.481 156	462.931 029 2	−1 306.550 127	−73.84%
	主体建安工程费	4 552.727 558	1 913.220 948	−2 639.506 61	−57.98%
	配套设施工程费	430.997 294	180.951 834 1	−250.045 459 9	−58.02%
	财务费用	0.219 877 896	0.219 877 896	0	0.00%
	管理和销售费用	1 798.894 074	349.978 030 1	−1 448.916 044	−80.54%
	IRR	0.076 3	0.369 452 287	0.293 152 287	384.21%
	利润率	0.085 2	0.085 2	0	0.00%
	整盘销售收入	351 415 449.2	1 084 734 328	733 318 878.9	208.68%
	利润额	0.208 807 763	0.519 127 762	0.310 319 999	148.62%

(续表)

序号	DMU(I/O)	Score Data	Projection	Difference	%
9	天津新港 CC	0.047 5			
	可售比	0.658 830 943	0.291 658 03	−0.367 172 913	−55.73%
	前期和基础设施工程费	1 908.060 636	252.093 606 4	−1 655.967 03	−86.79%
	主体建安工程费	4 643.343 671	1 041.973 214	−3 601.370 458	−77.56%
	配套设施工程费	98.547 868 18	98.547 868 18	0	0.00%
	财务费用	0.129 416 317	0.119 802 123	−0.009 61	−7.43%
	管理和销售费用	1 060.404 046	190.631 053 3	−869.772 992 9	−82.02%
	IRR	0.005 8	0.201 218 603	0.195 418 603	999.90%
	利润率	0.013 4	0.046 403 141	0.033 003 141	246.29%
	整盘销售收入	591 002 130	591 002 130	0	0.00%
	利润额	0.178 755 006	0.282 837 878	0.104 082 872	58.23%
10	上海奉贤区南桥新城 JBL	1.030 573 865			
	可售比	0.505 076 116	0.597 728 891	0.092 7	18.34%
	前期和基础设施工程费	1 933.111 729	1 933.111 729	0	0.00%
	主体建安工程费	6 220.202 157	6 220.202 157	0	0.00%
	配套设施工程费	815.209 280 2	815.209 280 2	0	0.00%
	财务费用	0.133 777 153	0.133 777 153	0	0.00%
	管理和销售费用	1 783.189 743	1 783.189 743	0	0.00%
	IRR	0.076 2	0.076 2	0	0.00%
	利润率	0.002 7	0.002 7	0	0.00%
	整盘销售收入	2 014 603 333	2 014 603 333	0	0.00%
	利润额	0.1	0.1	0	0.00%
11	桐乡高桥街道 YRL34	1.104 767 002			
	可售比	0.651 524 406	0.651 524 406	0	0.00%
	前期和基础设施工程费	1 166.784 685	1 166.784 685	0	0.00%
	主体建安工程费	4 542.970 269	4 542.970 269	0	0.00%
	配套设施工程费	179.620 413 5	254.586 782 3	74.966 368 85	41.74%
	财务费用	0.1	0.1	0	0.00%
	管理和销售费用	745.310 022 2	745.310 022 2	0	0.00%
	IRR	0.222 7	0.222 7	0	0.00%
	利润率	0.159 7	0.139 342 552	−0.020 4	−12.75%
	整盘销售收入	406 081 350	406 081 350	0	0.00%
	利润额	0.348 806 068	0.348 806 068	0	0.00%

(续表)

序号	DMU(I/O)	Score Data	Projection	Difference	%
12	北京WLT	2.470 476 421			
	可售比	0.727 900 687	0.819 606 218	0.091 7	12.60%
	前期和基础设施工程费	969.410 650 7	969.410 650 7	0	0.00%
	主体建安工程费	5 704.893 061	5 704.893 061	0	0.00%
	配套设施工程费	19.720 455 34	51.836 069 2	32.115 613 86	162.85%
	财务费用	1.00 0 005 544	1.00 0 005 544	0	0.00%
	管理和销售费用	1 260.256 489	1 260.256 489	0	0.00%
	IRR	0.089 6	0.089 6	0	0.00%
	利润率	0.100 2	0.028 7	−0.071 5	−71.32%
	整盘销售收入	3 454 824 176	1 071 750 586	−2 383 073 591	−68.98%
	利润额	0.647 140 708	0.320 713 97	−0.326 426 738	−50.44%
13	成都双流TF	0.360 864 127			
	可售比	0.606 151 689	0.557 719 304	−0.048 432 385	−7.99%
	前期和基础设施工程费	908.601 596 4	500.578 623 5	−408.022 972 9	−44.91%
	主体建安工程费	4 123.177 701	2 212.192 001	−1 910.985 7	−46.35%
	配套设施工程费	237.628 978 1	170.922 196 4	−66.706 781 77	−28.07%
	财务费用	0.184 834 853	0.184 834 853	0	0.00%
	管理和销售费用	980.863 709 8	452.527 88	−528.335 829 8	−53.86%
	IRR	0.153 1	0.269 366 821	0.116 266 821	75.94%
	利润率	0.081 7	0.081 7	0	0.00%
	整盘销售收入	556 167 600	1 459 144 281	902 976 681.4	162.36%
	利润额	0.224 533 339	0.528 632 109	0.304 098 77	135.44%
14	福州晋安区泉头地块	0.012 7			
	可售比	0.684 404 018	0.684 404 018	0	0.00%
	前期和基础设施工程费	958.304 335 8	656.554 842 9	−301.749 492 9	−31.49%
	主体建安工程费	3 932.878 832	2 611.607 396	−1 321.271 436	−33.60%
	配套设施工程费	326.754 549	248.512 614 1	−78.241 934 85	−23.95%
	财务费用	0.309 622 545	0.251 284 171	−0.058 3	−18.84%
	管理和销售费用	1 208.775 616	452.788 141 4	−755.987 475	−62.54%
	IRR	0.002 5	0.496 452 63	0.493 952 63	999.90%
	利润率	0.005 3	0.114 684 149	0.109 384 149	999.90%
	整盘销售收入	1 261 423 908	1 261 423 908	0	0.00%
	利润额	0.152 903 786	0.605 100 761	0.452 196 975	295.74%

(续表)

序号	DMU(I/O)	Score Data	Projection	Difference	%
15	杭州萧山区 YQ	0.496 607 308			
	可售比	0.639 025 525	0.335 368 434	−0.303 657 091	−47.52%
	前期和基础设施工程费	870.934 342 5	425.266 565 6	−445.667 776 9	−51.17%
	主体建安工程费	4 762.826 234	1 855.001 069	−2 907.825 166	−61.05%
	配套设施工程费	85.044 092 97	85.044 092 97	0	0.00%
	财务费用	0.153 333 244	0.153 333 244	0	0.00%
	管理和销售费用	860.580 527 7	347.247 222 9	−513.333 304 7	−59.65%
	IRR	0.081 3	0.140 638 582	0.059 3	72.99%
	利润率	0.061 5	0.061 5	0	0.00%
	整盘销售收入	700 225 000	700 225 000	0	0.00%
	利润额	0.197 124 817	0.271 947 239	0.074 8	37.96%
16	苏州吴中区 DWNL	1.147 311 209			
	可售比	0.724 164 495	0.906 610 958	0.182 446 463	25.19%
	前期和基础设施工程费	1 136.488 937	1 136.488 937	0	0.00%
	主体建安工程费	4 869.755 051	4 869.755 051	0	0.00%
	配套设施工程费	465.727 447 6	465.727 447 6	0	0.00%
	财务费用	0.173 904 275	0.173 904 275	0	0.00%
	管理和销售费用	1 615.481 388	1 615.481 388	0	0.00%
	IRR	0.137 7	0.137 7	0	0.00%
	利润率	0.285 4	0.180 603 175	−0.104 796 825	−36.72%
	整盘销售收入	1 035 210 374	1 035 210 374	0	0.00%
	利润额	0.786 725 851	0.786 725 851	0	0.00%
17	昆明五华区 BJC	1.109 579 977			
	可售比	0.722 967 897	0.722 967 897	0	0.00%
	前期和基础设施工程费	727.994 723 3	729.939 799	1.945 075 721	0.27%
	主体建安工程费	3 287.081 533	3 287.081 533	0	0.00%
	配套设施工程费	278.237 693 3	278.237 693 3	0	0.00%
	财务费用	0.1	0.102 449 245	0.002 45	2.45%
	管理和销售费用	648.117 487 1	818.335 220 6	170.217 733 5	26.26%
	IRR	0.151 9	0.151 9	0	0.00%
	利润率	0.133 1	0.133 1	0	0.00%
	整盘销售收入	1 377 782 366	1 377 782 366	0	0.00%
	利润额	0.632 088 904	0.492 452 037	−0.139 636 867	−22.09%

(续表)

序号	DMU(I/O)	Score Data	Projection	Difference	%
18	杭州江干区JQ	0.112 544 053			
	可售比	0.647 817 053	0.647 817 053	0	0.00%
	前期和基础设施工程费	999.277 418 4	501.968 441 1	−497.308 977 3	−49.77%
	主体建安工程费	6 577.430 782	2 169.233 866	−4 408.196 916	−67.02%
	配套设施工程费	295.024 761 6	203.054 730 2	−91.970 031 41	−31.17%
	财务费用	0.393 233 562	0.292 016 802	−0.101 216 76	−25.74%
	管理和销售费用	1 882.060 591	420.250 048 5	−1 461.810 543	−77.67%
	IRR	0.031 6	0.422 889 564	0.391 289 564	999.90%
	利润率	0.026	0.097 7	0.071 7	275.88%
	整盘销售收入	1 431 721 335	1 431 721 335	0	0.00%
	利润额	0.271 150 709	0.680 587 226	0.409 436 518	151.00%
19	杭州萧山区SS4	0.236 425 347			
	可售比	0.655 215 596	0.380 599 438	−0.274 616 158	−41.91%
	前期和基础设施工程费	1 018.481 025	296.961 404 9	−721.519 62	−70.84%
	主体建安工程费	4 953.271 028	1 277.716 225	−3 675.554 803	−74.20%
	配套设施工程费	413.676 930 3	120.099 5	−293.577 430 3	−70.97%
	财务费用	0.171 033 464	0.171 033 464	0	0.00%
	管理和销售费用	1 305.495 716	246.078 235 8	−1 059.417 48	−81.15%
	IRR	0.090 7	0.250 625 866	0.159 925 866	176.32%
	利润率	0.057 7	0.057 7	0	0.00%
	整盘销售收入	469 725 746.8	832 997 403.5	363 271 656.7	77.34%
	利润额	0.218 558 383	0.397 952 568	0.179 394 185	82.08%
20	天津北辰LY188	0.497 068 564			
	可售比	0.657 485 751	0.657 485 751	0	0.00%
	前期和基础设施工程费	1 931.274 305	783.668 462	−1 147.605 842	−59.42%
	主体建安工程费	3 926.301 226	3 703.541 23	−222.759 996 7	−5.67%
	配套设施工程费	660.272 709 1	203.520 534 1	−456.752 175	−69.18%
	财务费用	0.258 271 718	0.258 271 718	0	0.00%
	管理和销售费用	1 379.374 813	888.117 448 9	−491.257 364 1	−35.61%
	IRR	0.072 9	0.148 118 955	0.075 2	103.18%
	利润率	0.120 5	0.120 5	0	0.00%
	整盘销售收入	2 058 378 704	2 058 378 704	0	0.00%
	利润额	0.330 448 969	0.573 942 664	0.243 493 695	73.69%

(续表)

序号	DMU(I/O)	Score Data	Projection	Difference	%
21	杭州下沙大学城	0.171 686 382			
	可售比	0.552 093 318	0.552 093 318	0	0.00%
	前期和基础设施工程费	1 109.375 743	613.707 815 6	−495.667 927 7	−44.68%
	主体建安工程费	5 227.456 515	2 526.148 606	−2 701.307 909	−51.68%
	配套设施工程费	226.901 549 1	196.220 157 9	−30.681 391 29	−13.52%
	财务费用	0.121 754 017	0.121 754 017	0	0.00%
	管理和销售费用	1 198.170 2	474.686 120 8	−723.484 079 1	−60.38%
	IRR	0.025 9	0.287 004 326	0.261 104 326	999.90%
	利润率	0.029 7	0.089 7	0.060 0	202.10%
	整盘销售收入	1 287 281 559	1 287 281 559	0	0.00%
	利润额	0.263 510 393	0.417 604 075	0.154 093 682	58.48%
22	南通 27	0.324 572 103			
	可售比	0.672 571 971	0.672 571 971	0	0.00%
	前期和基础设施工程费	1 143.618 689	626.955 332	−516.663 357 2	−45.18%
	主体建安工程费	4 146.963 52	2 785.073 829	−1 361.889 691	−32.84%
	配套设施工程费	497.961 743 5	204.795 884 9	−293.165 858 6	−58.87%
	财务费用	0.202 073 479	0.200 238 628	−0.001 83	−0.91%
	管理和销售费用	899.655 064 3	576.601 029	−323.054 035 3	−35.91%
	IRR	0.292 6	0.292 6	0	0.00%
	利润率	0.058 6	0.097 7	0.039 1	66.71%
	整盘销售收入	509 442 750	1 836 745 351	1 327 302 601	260.54%
	利润额	0.248 846 325	0.617 990 079	0.369 143 754	148.34%
23	武汉 BSZ	0.420 753 383			
	可售比	0.662 635 891	0.555 752 296	−0.106 883 594	−16.13%
	前期和基础设施工程费	944.100 790 7	700.967 906 2	−243.132 884 5	−25.75%
	主体建安工程费	3 235.270 242	2 680.688 069	−554.582 172 9	−17.14%
	配套设施工程费	268.049 940 7	229.431 299 1	−38.618 641 64	−14.41%
	财务费用	0.1	0.1	0	0.00%
	管理和销售费用	639.358 368 6	447.0 008 877	−192.357 480 9	−30.09%
	IRR	0.083 1	0.373 486 19	0.290 386 19	349.44%
	利润率	0.090 5	0.101 534 925	0.011 0	12.19%
	整盘销售收入	975 723 948.4	975 723 948.4	0	0.00%
	利润额	0.274 672 119	0.343 396 501	0.068 7	25.02%

(续表)

序号	DMU(I/O)	Score Data	Projection	Difference	%
24	苏州相城区 KYL	0.470 738 229			
	可售比	0.673 173 365	0.673 173 365	0	0.00%
	前期和基础设施工程费	1 369.199 121	720.365 084 9	−648.834 036 5	−47.39%
	主体建安工程费	4 151.412 666	3 129.790 119	−1 021.622 547	−24.61%
	配套设施工程费	228.955 289 8	216.043 489 5	−12.911 800 3	−5.64%
	财务费用	0.136 126 411	0.136 126 411	0	0.00%
	管理和销售费用	1 031.809 677	637.269 179 5	−394.540 497 1	−38.24%
	IRR	0.159 8	0.253 441 73	0.093 6	58.60%
	利润率	0.100 8	0.100 8	0	0.00%
	整盘销售收入	718 286 964	1 880 146 661	1 161 859 697	161.75%
	利润额	0.325 236 774	0.537 528 524	0.212 291 751	65.27%
25	苏州高新区 LHF	0.431 674 262			
	可售比	0.520 004 551	0.520 004 551	0	0.00%
	前期和基础设施工程费	1 585.842 838	659.988 510 8	−925.854 327 2	−58.38%
	主体建安工程费	6 575.449 249	2 493.071 987	−4 082.377 262	−62.09%
	配套设施工程费	498.892 262 2	229.544 348 1	−269.347 914 1	−53.99%
	财务费用	0.122 634 557	0.112 393 814	−0.010 2	−8.35%
	管理和销售费用	1 248.598 233	435.653 023 6	−812.945 209 5	−65.11%
	IRR	0.154 3	0.376 105 332	0.221 805 332	143.75%
	利润率	0.105 2	0.105 2	0	0.00%
	整盘销售收入	776 422 690.9	776 422 690.9	0	0.00%
	利润额	0.342 443 376	0.342 443 376	0	0.00%
26	重庆万科 ZYGY	1.159 861 191			
	可售比	0.717 048 505	0.717 048 505	0	0.00%
	前期和基础设施工程费	785.057 580 6	785.057 580 6	0	0.00%
	主体建安工程费	3 556.782 295	3 556.782 295	0	0.00%
	配套设施工程费	211.704 294 6	245.055 159 7	33.350 865 08	15.75%
	财务费用	0.1	0.1	0	0.00%
	管理和销售费用	769.392 463 7	769.392 463 7	0	0.00%
	IRR	0.150 5	0.150 5	0	0.00%
	利润率	0.1	0.1	0	0.00%
	整盘销售收入	2 344 402 133	1 264 187 935	−1 080 214 198	−46.08%
	利润额	0.561 177 617	0.561 177 617	0	0.00%

附录 B "德尔菲法"专家调查问卷主要内容

尊敬的专家：

您好！感谢您对本次调查的关注与支持！

为研究如何评价和提升房地产股权投资项目的经营绩效，并提供一些切实可行的工作方法，我们就此类项目的股权投资经营绩效评价指标体系开展"德尔菲法"专家问卷调查。

本调查表共包括三个部分：第一，专家基本情况调查表；第二，指标相对重要程度评价表；第三，评价依据与权威程度调查表。

您在此领域的工作经验丰富，专业知识水平较高，您在本次调查表中提出的意见将对最终的调查结果产生重要影响。对于您在本问卷中填写的结果与建议，我们将严格保密。

最后，再次向您表示感谢，我们期待您的回复。

第一部分：专家基本情况调查表

本调查所收集的信息仅用于《基于 DEA 的房地产股权投资项目经营绩效评价与提升》中"房地产股权投资项目经营绩效评价指标体系"的构建，我们会对您填写的信息严格保密。

1. 您的姓名：_____
2. 您的年龄：_____
3. 您的电话：_____
4. 您的电子邮箱：_____
5. 您的工作单位：_____
6. 您的工作年限：_____
7. 您的职称：_____
8. 您的学历：_____

第二部分：指标相对重要程度评价表

请您对初步指标体系的重要性进行评分。相对重要性用数字 1～5 表示，"1"表示不重要，"5"表示很重要。请您在"相对重要性评分"一栏打"√"。

表 1 指标相对重要程度评价表

初步指标体系			相对重要性评分				
投入/产出	指标类型	指标名称	不重要—重要				
投入指标	经营人力指标	从业人员数量	1	2	3	4	5
		技术人员数量	1	2	3	4	5
		管理人员数量占比	1	2	3	4	5
		技术人员数量占比	1	2	3	4	5
		管理人员数量占比	1	2	3	4	5
	经营财力指标	前期工程费	1	2	3	4	5
		主体建安工程费	1	2	3	4	5
		基础设施工程费	1	2	3	4	5
		配套设施工程费	1	2	3	4	5
		财务费用	1	2	3	4	5
		管理费用	1	2	3	4	5
		销售费用	1	2	3	4	5
	经营物力指标	可售比	1	2	3	4	5
		资产总额	1	2	3	4	5
		设备价值总额	1	2	3	4	5
		设备投资额	1	2	3	4	5
产出指标	盈利能力指标	营业收入	1	2	3	4	5
		营业利润	1	2	3	4	5
		总资产利润率	1	2	3	4	5
		主营业务利润率	1	2	3	4	5
		内部收益率	1	2	3	4	5
		营业利润率	1	2	3	4	5
		资产报酬率	1	2	3	4	5

上表中的指标是经过商讨研究出的初步评价指标,若您认为存在其他未出现在上表中的重要指标,请您补充在下面并进行重要性评分。

补充指标一:_____　　重要性:_____
补充指标二:_____　　重要性:_____
补充指标三:_____　　重要性:_____
您的其他建议:
_____

第三部分:评价依据与权威程度调查表

请您在表2和表3中填写您对上述指标类型的熟悉程度以及您的判断依据。

表2　各类指标熟悉程度

投入/产出	指标类型	熟悉程度评分				
投入指标	经营人力指标	1	2	3	4	5
	经营财力指标	1	2	3	4	5
	经营物力指标	1	2	3	4	5
产出指标	盈利能力指标	1	2	3	4	5

表3　您的判断依据及程度

投入/产出	指标类型	评价依据			
		工作经验	理论分析	国内外文献资料	直观感受
投入指标	经营人力指标	大/中/小	大/中/小	大/中/小	大/中/小
	经营财力指标	大/中/小	大/中/小	大/中/小	大/中/小
	经营物力指标	大/中/小	大/中/小	大/中/小	大/中/小
产出指标	盈利能力指标	大/中/小	大/中/小	大/中/小	大/中/小

本次专家调查问卷到此结束,谢谢您的参与和宝贵意见!